갈보리 언덕으로의 여행

갈보리 언덕으로의 여행

지은이 | 유재명
초판 발행 | 2023. 12. 13.
등록번호 | 제1988-000080호
등록된 곳 | 서울특별시 용산구 서빙고로65길 38
발행처 | 사단법인 두란노서원
영업부 | 2078-3352   FAX | 080-749-3705
출판부 | 2078-3331

책값은 뒤표지에 있습니다.
ISBN 978-89-531-4761-4   03230

독자의 의견을 기다립니다.
tpress@duranno.com   www.duranno.com

두란노서원은 바울 사도가 3차 전도여행 때 에베소에서 성령 받은 제자들을 따로 세워 하나님의 말씀으로 양육하던
장소입니다. 사도행전 19장 8~20절의 정신에 따라 첫째 목회자를 돕는 사역과 평신도를 훈련시키는 사역, 둘째 세
계선교(TIM)와 문서선교 (단행본·잡지) 사역, 셋째 예수문화 및 경배와 찬양 사역, 그리고 가정·상담 사역 등을 감당하고
있습니다. 1980년 12월 22일에 창립된 두란노서원은 주님 오실 때까지 이 사역들을 계속할 것입니다.

오늘을 살아가는 우리를 향한 가상칠언

갈보리 언덕으로의 여행

유재명 지음

두란노

머리말

은혜가 아니면 설명할 수 없는 인생입니다.

"진리는 무엇인가?"라는 질문에 그리스도인으로 무엇이라 답할 수 있을까요? 초대교회 성도들이 그리스도인이라는 이름 앞에 순교할 수 있었던 이유는 무엇이었을까요? 그들이 자신의 생명을 버리면서까지 지켰던 진리는 십자가였습니다. 십자가는 하나님과 인간의 끊어진 관계를 회복하는 유일한 방법이라는 사실을 그들은 알고 있었습니다. 십자가는 예수 그리스도가 죄인을 대신하여 죄를 지시고 죽으셨던 형틀입니다. 십자가의 사랑이 없었다면 이 글을 읽는 성도들은 존재하지 않았을 것입니다. 십자가는 기독교의 핵심이고 전부입니다.

그러나 십자가에는 죄인의 구원 문제만 담겨 있지 않습니다. 예수님의 가상칠언은 구원의 문제를 넘어 더 큰 은혜와 사랑을 완성하신 말씀입니다. 갈보리 언덕, 십자가 위에서 고통 중에 들리는 가느다란 음성은 온 우주에 선포되었습니다. 예수님의 가상칠언은 이천 년 전 갈보리 언덕에만

머물러 있지 않습니다. 현재를 살아 내고 있는 우리에게 여전히 생생하게 선포되고 있습니다. 예수님의 가상칠언 안에 담긴 복음을 이 책을 통해 더욱 깊이 알아가기를 소망합니다.

안산빛나교회 담임목사로 35년 동안의 목회를 마무리하며 이 책을 하나님과 성도들 앞에 펴낼 수 있음에 감사합니다. 저는 많이 부족한 사람이라 다른 방법에 마음을 빼앗기지 않고 오직 말씀과 기도를 붙들고 목회의 길을 걸어왔습니다. "은혜가 아니면 안 되는 사람 유재명"으로 하루하루 살다 보니 어느덧 은퇴를 앞둔 자리에 서 있게 되었습니다.

조금 이른 은퇴를 하는 저에게 어떤 이들은 서운하지 않냐며 아쉬운 마음을 전달하기도 합니다. 그러나 내 것이 아니었기에 서운함도 아쉬움도 없습니다. 간혹 후배 목사님들이 제게 목회 성공의 비결을 묻곤 합니다. 그러나 교회의 성장은 전적인 하나님의 은혜요, 또한 그 안에 성도들의 눈물과 헌신이 담겨 있기에 결코 제게는 내세울 자랑이 없습니다.

지나온 목회 사역 가운데 모진 바람을 수없이 맞았지만 주님을 피난처 삼아 모든 것에 인내하였더니 열매도 있었습니다. 그 시간 속에 우리 성도들이 함께 있었음에 감사합니다. 저는 축복받은 목회자입니다. 교회를 위해 헌신하다 하나님 품에 안기신 옛 성도들, 그리고 그들의 신앙을 본받아 교회를 사랑하고 섬기는 지금의 성도들이 있기에 빛나교회가 든든히 서 나갈 수 있었습니다. 하나님의 꿈을 이루어 드리는 빛나교회의 다음 세대는 '은혜가 아니면 설명할 수 없는 교회'로 나아갈 것입니다.

35년의 짧지 않은 목회를 마무리하면서 사랑하는 성도님들에게 전하고 싶은 여러 이야기가 있었습니다. 무엇보다도 교회를 사랑해 주시고, 부족한 목사를 너그러이 용납해 주신 데 대한 감사를 전하고 싶었습니다. 그리고 우리 성도님들의 기대를 충분히 채워드리지 못한 데 대한 미안함과 아쉬움을 전하고 싶었습니다. 이렇게 여러 이야기를 전하는 중에, 다음 세대를 향해 나아가는 성도님들과 교회 공동체에 나름의 당부를 전하고 싶어 그것들을 하나씩 정리해 왔습니다. 그리고 내리게 된 결론은 "말로 하지 말고 말씀으로 전하자"였습니다. 제 말이 아닌 우리 주님의 말씀을 전하는 게 지금까지 제 사명이었듯, 지금 이 순간 역시 내 말이 아닌 주님의 말씀을 전하는 것이 최선의 당부라 여겨졌습니다. 그렇게 선택된 말씀이 우리 주님께서 십자가에서 남기신 일곱 마디 말씀, 가상칠언이었습니다. 《갈보리 언덕으로의 여행》을 읽으며 갈보리 언덕의 십자가에 담긴 축복들을 삶에 담아내길 축복합니다.

아울러 이 책이 출판되기까지 애써 준 동역자요, 친구인 아내와 사랑하는 빛나 가족들에게 감사를 전합니다.

2023년 12월

유재명 목사

1부

고통 중의 기도

1장

용서
예수님을 외면하지 말라

눅 23:32-38

가상일언 架上一言

"아버지 저들을 사하여 주옵소서. 자기들이 하는 것을 알지 못함이니이다." 눅 23:34

갈보리 언덕, 그 위 십자가에 높이 달리신 예수님의 마지막 말씀들을 기억합니까? 이것을 우리는 가상칠언, 즉 십자가 위에서의 일곱 말씀이라 합니다. 가상칠언은 2천 년 전, 예수님이 십자가 위에서 하신 말씀이지만, 오늘을 살아가는 우리를 향한 말씀이기도 합니다. 총신대학교 교수를 지낸 김명혁 목사님은 "예수님의 가상칠언을 객관적으로 이해하려 하지 말고 주관적으로 수용해야 한다"고 하였습니다. '나를 위한 가상칠언', 나아가 '나의 가상칠언'으로 받아들여야 한다는 것입니다. 여러분은 가상칠언을 어떻게 믿고 있습니까?

이 책에서는 예수님의 마지막 일곱 말씀은 무엇이고, 우리에게 주고자 하신 메시지는 무엇이며, 오늘을 사는 나에게는 어떤 의미일지 묵상해 보려고 합니다. 먼저 복음서에 나타난 십자가 사건의 시간 순서에 따라 가상칠언을 나열하면 다음과 같습니다.

제 일언, "아버지 저들을 사하여 주옵소서. 자기들이 하는 것을 알지 못함이니이다." 눅 23:34

제 이언, "내가 진실로 네게 이르노니, 오늘 네가 나와 함께 낙원에 있으리라." 눅 23:43

제 삼언, "여자여 보소서, 아들이니이다. 보라, 네 어머니라." 요 19:26, 27

제 사언, "엘리 엘리 라마 사박다니. 나의 하나님, 나의 하나님, 어찌하여 나를 버리셨나이까."

마 27:46; 막 15:34

제 오언, "내가 목마르다." 요 19:28

제 육언, "다 이루었다." 요 19:30

제 칠언, "아버지, 내 영혼을 아버지 손에 부탁하나이다."

눅 23:46

가상칠언은 표면적으로는 로마 병정을 비롯하여 예수님을 십자가에 못 박은 자들, 회개한 어느 강도, 어머니 마리아와 제자 요한을 향한 말씀이었습니다. 그러나 그 의미를 깊이 생각해 보면 바로 오늘을 사는 우리와 나를 위한 말씀이기도 합니다. 나도 주님을 십자가에 못 박은 무리 중에 포함되어 있고, 강도처럼 흉악한 죄인으로서 주님의 낙원으로 초대받아야 할 사람이며, 어머니 마리아처럼 돌봄이 필요한 사람이기 때문입니다.

가상칠언! 십자가 위에서 높이 달리신 예수님의 마지막 일곱 말씀 가운데 그 처음의 말씀으로 안내합니다.

결정적 순간에 기도할 수 있는 능력

> 이에 예수께서 이르시되 아버지 저들을 사하여 주옵소서 자기들이 하는 것을 알지 못함이니이다 하시더라 그들이 그의 옷을 나눠 제비 뽑을새 눅 23:34

예수님이 십자가 위, 이루 말할 수 없는 고통 가운데서 맨 처음 하신 말씀은 하나님께 드리는 기도였습니다.

십자가 처형은 당시 가장 잔인하고 포악한 방법이었습니다. 육신을 입은 인간으로서는 도저히 견디기 힘든, 가장 고통스러운 죽음이었던 것입니다. 그런데 예수님은 그 십자가 위에서 육신적 고통을 호소하는 것이 아니라 기도로 처음 입을 여셨습니다.

그 극한의 고통 속에서 예수님은 어떻게 기도하실 수 있었을까요? 그것은 예수님이 평생토록 기도의 삶을 살아오셨기 때문입니다. 예수님은 평소 습관이 될 정도로 기도하셨습니다. 모든 상황 가운데서 해 오셨던 평소의 기도가 십자가의 처절함 가운데서도 기도할 수 있는 힘이 된 것입니다. 십자가의 모진 고통 가운데서도 기도하시는 주님을 보며 우리는 무엇을 느낄 수 있습니까?

힘들고 어려워서가 아니라, 모든 상황 가운데서 기도하는 사람으로 무장되어 있다면 축복입니다.

성경은 복음적 그리스도인들에게 "쉬지 말고 기도하라"(살전 5:17) 하였습니다. 다니엘은 사자 굴의 위협 앞에서도 기도를 놓지 않았습니다. 사무엘은 기도를 쉬는 죄를 범하지 않겠다고 다짐하였습니다. 이들은 모두 하나님의 사람이었습니다.

아무 것도 염려하지 말고 다만 모든 일에 기도와 간구로, 너희 구할 것을 감사함으로 하나님께 아뢰라 빌 4:6

복음적 그리스도인은 생각이나 감정이 아니라 기도로 말하고 듣는 사람이어야 합니다. 분주함에, 피곤함에 기도가 밀려나면 오늘은 문제가 없을지라도 결정적 순간에 우리는 기도할 수 없게 됩니다. 그리스도인은 아무리 힘들고 억울해도 기도할 수 있으면 삽니다.

십자가의 모진 고통 가운데서 기도하시는 예수님의 모습을 우리는 스데반의 순교에서도 봅니다. 스데반의 전도 설교를 듣고 핍박자들이 보인 반응이 무엇이었습니까?

그들이 큰 소리를 지르며 귀를 막고 일제히 그에게 달려들어 성 밖으로 내치고 돌로 칠새 증인들이 옷을 벗어 사울이라 하는 청년의 발 앞에 두니라 행 7:57-58

돌로 맞아 죽어 가는 이 처절한 고통 가운데서 스데반은 핍박자들을 저주하지도, 자신의 고통을 호소하지도 않았습니다.

그들이 돌로 스데반을 치니 스데반이 부르짖어 이르

되 주 예수여 내 영혼을 받으시옵소서 하고 무릎을 꿇
고 크게 불러 이르되 주여 이 죄를 그들에게 돌리지 마
옵소서 이 말을 하고 자니라 행 7:59-60

그는 마지막 기도를 했습니다. 죽어 가는 그 처절한 고
통 가운데서 그는 무릎을 꿇고 부르짖었습니다. 스데반
은 평소에도 기도할 때 무릎을 꿇었을 것입니다. 그의 평
생에 기도하던 자세였을 것입니다. 그 모진 고통 가운데
서 기도할 수 있는 능력은 하루아침에 훈련된 것이 아니
었을 것입니다. 그 기도의 훈련이 순교하는 결정적 순간
에 무릎을 꿇는 기도로 드려진 것입니다.

스데반은 지금 자신을 핍박하며 이글거리는 눈으로 바
라보며 돌을 던지는 사람을 보지 않았습니다. 무릎을 꿇
는 기도로 하늘을 보았고 하나님의 음성을 들었습니다.
하늘 보좌에서 벌떡 일어나 자신을 응원하고 계시는 주님
을 보았습니다. 말씀에서는 스데반의 죽음을 '잔다'고 표
현합니다. 이것은 그의 죽음이 마지막이 아니라는 말입
니다. 그는 죽음의 순간, 순교의 순간 영원을 보았습니다.

스데반은 삶의 마지막에 예수님을 흉내 내며 신앙인의

자태를 놓아 버리지 않았습니다. 이것은 세상이, 핍박자들이 이해할 수 없는 신앙인의 모습입니다. 지금 우리는 어떻습니까? 십자가의 모진 고통 가운데 기도로 말하고 마지막을 준비하시는 예수님을 흉내 내고 있습니까? 예수님은 우리에게 기도하라고 말씀하십니다. 기도를 가르쳐 주셨습니다. 그러니 기도에는 축복이 있습니다. 무엇보다 기도에는 능력이 있습니다.

성숙이란 이기적 본능에서 벗어나는 것

영원을 본 스데반의 기도를 다시 봅시다. 그는 무엇을 말하면서 마지막을 맞았습니까? "주여 이 죄를 그들에게 돌리지 마옵소서!" 이것은 용서의 기도입니다.

십자가 위에서 터져 나온 예수님의 기도가 그랬습니다. "아버지 저들을 사하여 주옵소서!" 이것 역시 '용서의 기도'입니다. 주님은 십자가의 극심한 고통 한가운데에 계시면서도 자신이 아니라 다른 사람에게 마음을 쏟으셨습니다. 다른 사람의 필요를 말씀하셨습니다. 그들이 누구입니까? 예수님을 저주하며 십자가에 못 박아 죽이고

자 했던 사람들입니다.

사람은 힘이 들수록 자기 울타리에 갇혀 내 입장만 생각하고 자기 가치관에만 매입니다. 어쩌면 나 중심으로만 생각하는 것이 인간의 본능입니다. 그런데 그렇게만 생각하면 사소한 것까지 서운해집니다. 성숙한 어른은 모든 상황에서 내 입장이라는 울타리에 갇히지 않습니다. 다른 사람을 헤아릴 줄 아는 마음을 갖습니다. 아울러 한 단계 더 성숙한 그리스도인은 모든 상황 가운데서 먼저 주님이 원하시는 것을 생각하고 주님의 마음을 헤아립니다.

사도로서의 사역을 하루하루 감당하는 가운데 장성한 바울의 고백이 있습니다.

> 내가 어렸을 때에는 말하는 것이 어린아이와 같고 깨닫는 것이 어린아이와 같고 생각하는 것이 어린아이와 같다가 장성한 사람이 되어서는 어린아이의 일을 버렸노라 고전 13:11

장성한 사람이 된 후 버리게 된 어린아이의 모습이 무

엇이었습니까? 자기중심적 생각입니다. 그동안은 하나님의 일을 열심히 하기는 하는데 자기중심적이었습니다. 어린아이의 열심으로 모든 것을 자신의 상황에서 생각하고 결정했습니다. 받은 은혜가, 만난 복음이 너무도 확실했기 때문이었습니다. 그러다 보니 바나바와도 의견 충돌로 갈라섰습니다. 연약한 마가를 버리고, 베드로를 정죄했습니다.

그런데 장성한 뒤 바울은 무엇을 말하고 어떻게 표현해야 하는지 알았습니다. 주님의 말을 말하고, 주님의 태도로 표현하고, 주님의 마음으로 사람들을 대해야 합니다. 그것이 사명을 감당하는 것입니다. 이렇게 바울은 장성한 사람이 되어 내 생각을 넘어 다른 많은 것을 품어 내는 영성으로 달라졌습니다.

용서받을 곳은 십자가뿐

그렇다면 주님은 왜 가장 먼저 용서를 말씀하신 걸까요? 용서는 모든 인간에게 가장 우선적, 절대적 필요입니다. 모든 사람은 죄인으로 태어나기 때문입니다.

모든 사람이 죄를 범하였으매 하나님의 영광에 이르

지 못하더니 롬 3:23

누구도 죄의 문제를 해결받지 않고서는 하나님을 알
수도, 만날 수도 없습니다. 그래서 죄인의 모습으로 이 땅
을 살아가는 사람들에게 가장 큰 필요는 용서입니다. 십
자가가 보여주는 메시지는 죄를 용서받지 못한 자에 대
한 하나님의 진노입니다. 그 하나님의 진노를 깨닫지 못
한다면 십자가에서 드러난 하나님의 참 사랑을 알 수 없
습니다. 또한 우리가 죄를 용서받을 수 있는 곳은 예수님
이 매달려 있는 십자가 아래뿐입니다. 십자가에서 흘리
신 예수님의 보혈이 아니고서는 우리는 추악한 죄들을 용
서받을 길이 없습니다.

우리는 십자가를 통해 하나님이 얼마나 죄를 싫어하
시는지 봐야 합니다. 이 시대 많은 사람이 죄에 대해 무
감각한 삶을 살아가고 있습니다. 문제는 예수를 믿는 사
람들조차도 은혜라는 명분 아래 죄에 대해 무감각하다는
것입니다. 그래서 회개할 줄 모르는 그리스도인들이 되
어 가고 있습니다. 우리는 음식을 맛보고 '맛이 있다' 혹은

'맛이 없다'고 평가하곤 합니다. 맛을 모르고 음식을 먹어야 한다면 얼마나 안타까운 일이겠습니까? 죄에 대한 것도 마찬가지입니다. 죄에 대해 무감각하게 살아가는 우리 인생은 하나님의 아픔입니다.

죄에서 구원받은 우리는 죄에 대해 민감하게 반응해야 합니다. 거룩하신 하나님이 죄를 싫어하시기 때문입니다. 성경에서 드러나는 하나님은 죄를 반드시 심판하시는 분입니다. 하나님은 죄 앞에서 조금도 타협하지 않으십니다. 소돔성도, 여리고성도, 아간도, 아나니아와 삽비라도 무섭게 심판하고 처벌하셨습니다.

그 하나님이 죄를 해결할 길을 여셨으니, 바로 십자가입니다. 누구든지 십자가 앞에 나아오기만 하면 어떤 죄라도 용서받을 수 있는 것입니다.

여호와께서 말씀하시되 오라 우리가 서로 변론하자
너희의 죄가 주홍 같을지라도 눈과 같이 희어질 것이
요 진홍 같이 붉을지라도 양털 같이 희게 되리라 사 1:18

예수님을 믿지 않는 것이 가장 큰 죄

유대인들은 예수를 십자가에 못 박아 죽이는 것이 얼마나 무서운 짓인지 몰랐습니다. 자신들이 메시아를 죽이고 있다는 사실도, 하나님의 독생자를 죽이고 있다는 사실도 몰랐습니다. 그래서 예수님도 십자가 위에서 "자기들이 하는 것을 알지 못함이니이다!" 하고 부르짖으십니다. 아무것도 모르고 핍박하는 저들의 행동이 우리 예수님의 마음을 너무 아프게 했습니다. 예수님 앞에서 예수를 알아보지 못하다니, 이보다 가슴 아픈 일이 어디있겠습니까?

세상에서 가장 불쌍한 사람들이 누구인지 아십니까? 교회를 다니면서도 예수님이 누구인지 모르는 사람들입니다. 세상에서 가장 어리석은 자들이 누구인지 아십니까? 예수님의 용서 앞에서도 그 용서를 거절하고 믿지 않는 사람들입니다. 안타까운 것은 오늘도 많은 사람이 그러하다는 것입니다. 그들은 주님을 믿지 않는 것이 얼마나 큰 죄인지 모릅니다.

예수를 모르면 모르는 것으로 끝나지 않습니다. 그 예

수를 자신의 판단으로 핍박하고 죽이게 됩니다. 예수님이 공생애 기간 동안 유대인에게 얼마나 많은 말씀을 주셨습니까? "아버지와 나는 하나다! 나를 본 자는 아버지를 본 것이다!" 그러나 안타깝게도 그들은 예수가 누구인지 알려고 하지 않았고 믿지도 않았습니다. 조금만 관심을 가졌다면 알 수 있었는데 그들은 어떤 노력도 하지 않았습니다. 그들에게 예수님은 메시아가 아니었습니다. 자기들이 기대했던 방식대로 오시지 않았기 때문입니다. 자기들이 기다리는 메시아는 이렇게 처절하게 죽어 가는 모습이 아니어야 했기 때문입니다.

　세상은 예수님을 철저하게 외면하고 있습니다. 주님을 모르면 사탄을 모르는 자가 됩니다. 그 옛날 유대인처럼, 예수님을 핍박하고 죽일 수 있습니다. 사탄에게 마음과 생각을 빼앗기는 것입니다. 자신들의 판단으로 예수를 핍박하고 죽이는 것 같지만 사실은 사탄에게 이용당하는 것입니다. 내가 모르는 가운데 내 말에, 내 생각이 사탄에게 이용당할 수 있다는 것을 아십니까? "천국에 가지 않아도 문제 없다" 하며 천국을 외면하면 그것으로 끝나는 것이 아니라 지옥을 모르는 사람이 되는 것입니다.

오늘도 주님을 알면서도 주님의 원하심을 외면하고 자신의 뜻대로 사는 사람들이 많습니다. 그런 삶이야말로 사탄이 원하는 삶이라는 사실을 모르고 있으니 하나님께는 안타까움입니다. 모른다고 해서 저들의 행위가 문제가 없는 것이 아니기에 주님은 기도하십니다.

용서받았으니 용서하라

복음적 그리스도인들은 십자가의 용서의 은혜를 입은 사람들입니다. 십자가의 영성에서 가장 처음은 바로 용서입니다. 십자가의 삶을 살아 내는 것은 바로 용서로부터 시작되는 것입니다. 용서와 사랑은 십자가를 관통하는 사상입니다. 예수님은 용서를 위해 오셨고, 용서를 위해 사셨고, 용서를 위해 고난받고 죽으셨습니다. 그 주님의 발걸음을 좇아 살아가는 성도들의 삶도 당연히 용서와 사랑의 삶이어야 합니다.

주님은 지금도 십자가 위에서 용서할 수 없는 사람들을 용서하고 계십니다. 십자가의 용서란 용서할 수 없는 사람을 용서하는 것입니다. 십자가의 용서는 기준을 가지고 그 대상을 정하는 것이 아니어야 합니다. 내가 용서받은 것은 어떤 기준에 준해서가 아닙니다. 우리는 누구나 용서받을 자격이 없는 사람이었습니다. 그럼에도 용서받았고, 그리스도인이 되었습니다. 내가 받은 조건 없는 용서를 원수에게까지 흘려보내야 하는 것이 바로 십자가의 영성입니다.

용서의 삶을 살아야 하는 이유를 크게 세 가지로 정리할 수 있습니다.

첫째, 하나님이 우리를 용서하셨기 때문에 우리도 다른 사람을 용서해야 합니다. 용서의 이유를 그 대상에게서 찾아서는 안 됩니다. 사람들은 "네가 하는 것 봐서 용서할지 말지 정하겠다"고 합니다. 마치 마태복음 18장 23-34절에 등장하는 어리석은 종 같습니다. 주인에게 일만 달란트를 빚진 어느 종이 그 큰 빚을 탕감받습니다. 그런데 이 종이 자기에게 겨우 백 데나리온 빚 진 동료의 빚은 탕감하여 주지 않았습니다. 이 소식이 주인 귀에 들어가고, 이를 괘씸하게 여긴 주인이 종에게 다시 빚을 다 갚도록 옥에 가두고 맙니다.

우리는 예수님께 일만 달란트보다 더 큰 죄를 용서받

았습니다. 그런데 고작 동료의 백 데나리온만큼 작은 죄를 용서해 주지 못한다면 이 어리석은 종과 다를 것이 없습니다. 그 사람은 복음이 주는 축복을 모르는 것이라 할 수 있습니다. 우리는 주님께 용서받은 대로 남을 용서해야 합니다.

> 누가 누구에게 불만이 있거든 서로 용납하여 피차 용서하되 주께서 너희를 용서하신 것 같이 너희도 그리하고 골 3:13

제가 빛나교회를 개척하여 섬긴 지 35년이 되어 갑니다. 처음 전도사로 임명받은 시간까지 하면 45년을 목회자로 살아왔습니다. 오랜 시간을 나름대로 하나님의 일을 한다면서 보내왔습니다. 그러나 돌이켜보면 제 인생은 보람보다는 "다 죄뿐입니다"라는 고백으로 정리됩니다. 날마다 주님의 보혈로 덮어 주시는 은혜가 아니었다면 강단에 하루도 설 자격이 없는 저입니다.

아마도 제가 지은 죄를 드러내면 그 죄를 보고 역겨워하지 않을 사람은 한 사람도 없을 것입니다. 제가 아내에게 꼼짝 못 하는 이유가 무엇인지 아십니까? 아내가 제 비리를 잘 알고 있기 때문입니다. 만약 아내가 시험 들어 제비리를 교회에 말하기 시작하면 저는 오늘도 설교를 할수 없을 것입니다. 아내가 아는 죄만이 아니라 아내 모르는 죄 또한 많이 있습니다. 그런데 그 많은 죄를 하나님은 예수 그리스도 안에서 다 용서하시고 날마다 보혈로덮어 주셨습니다. 그래서 이 엄청난 용서의 은혜를 입은제가 용서하지 못할 사람이 있어서는 안 되는 것입니다.

그럼에도 저는 가정에서, 일터에서, 교회에서, 그리고또 다른 조직에서 다른 사람을 용서하지 못할 때가 너무나도 많습니다. 겉으로는 용서한다고 했지만 매 순간 판단합니다. 진심으로 용서하지 않은 것입니다. 목회자로 45년을 넘게 살았는데 아직도 용서 앞에서 허우적대곤 합니다. "오호라 나는 곤고한 사람이로다"(롬 7:24)하는 바울의 고백이 제 고백입니다.

그러나 바울이 깨달았듯이 저 역시 깨달은 것이 있습니다. 용서와 사랑은 사람의 본성이 아니라는 것입니다. 그래서 우리 힘으로는 참 용서와 사랑을 할 수 없습니다. 내가 하려고 하면 매 순간 밑바닥이 드러나고 맙니다. 아내 앞에서도, 성도들 앞에서도, 장로님들 앞에서도 말입니다.

우리의 본성은 무엇입니까? 용서할 수 없는 이유를 찾고 변명하는 것입니다. 이것은 곧 사탄의 본성입니다. 그래서 용서하려면 날마다 영적 싸움이 일어납니다. 우리는 무슨 일이 있든지 "모든 게 내 탓이로소이다"하며 회개해야 합니다. 회개의 영이 제게 부어질 때 용서의 영도 부어집니다. 날마다 회개로 가슴을 치며 더 큰 죄를 용서받고 살아가야 내가 어떤 존재인지 착각하지 않습니다.

둘째, 용서는 하나님의 명령이므로 순종해야 합니다. 용서와 사랑은 인간 본성이 아니라고 했습니다. 그래서 용서와 사랑은 우리가 선택할 수 있고 없고의 문제가 아닙니다. 용서는 선택도 아니요, 성품도 아닙니다. 받은 은혜에 대한 기본적 반응이요, 순종입니다. 다른 어떤 일에 충성하고 순종해도, 용서의 순종이 없다면 참 순종이 아닙니다. 집 나갔던 탕자의 형은 아버지께 죽도록 충성했습니다. 그러나 그가 그 충성을 인정받지 못했던 것도 용서의 문제였습니다. 그는 아버지의 살림을 창녀들과 함께 삼켜 버린 이 둘째 아들은 용서받아선 안 된다고 생각했습니다. 아버지가 용서했는데 자신은 용서를 못 하니 그만 초대받지 못하는 아들이 되고 말았습니다. 주님의 경고와 명령의 말씀이 있습니다.

> 나는 너희에게 이르노니 형제에게 노하는 자마다 심판을 받게 되고 형제를 대하여 라가라 하는 자는 공회에 잡혀가게 되고 미련한 놈이라 하는 자는 지옥 불에 들어가게 되리라 그러므로 예물을 제단에 드리려다가 거기서 네 형제에게 원망들을 만한 일이 있는 것이 생각나거든 예물을 제단 앞에 두고 먼저 가서 형제와 화목하고 그 후에 와서 예물을 드리라 마 5:22-24

우리의 예배와 예물이 참되게 하나님께 드려지는 데에 우선해야 할 덕목이 용서와 사랑의 화평입니다. 어느 정도 하고서 만족해서는 안 됩니다. 용서에 대한 베드로의 질문과 예수님의 답변을 보겠습니다.

> 그때에 베드로가 나아와 이르되 주여 형제가 내게 죄를 범하면 몇 번이나 용서하여 주리이까 일곱 번까

지 하오리이까 예수께서 이르시되 네게 이르노니 일

곱 번뿐 아니라 일곱 번을 일흔 번까지라도 할지니라

마 18:21-22

일곱 번을 일흔 번까지의 용서는 사실상 한계를 두지 말고 무조건 용서하라는 말씀입니다. 그 이유는 앞으로 살아가는 동안 그만큼의 용서가 내게도 필요하기 때문입니다. 용서는 선택이 아닙니다. 혹시 아직 용서하지 못한 대상이 있습니까?

셋째, 용서는 상대가 아니라 나를 위한 것입니다. 복음적 그리스도인은 남을 용서할 때 그 죄에서 자신도 자유로워질 수 있습니다. 예수님은 마태복음 18장에서 용서할 줄 모르는 종의 비유를 다 말씀하시고 나서 결론을 이렇게 내리셨습니다.

너희가 각각 마음으로부터 형제를 용서하지 아니하

면 나의 하늘 아버지께서도 너희에게 이와 같이 하시

리라 마 18:35

주님이 가르쳐 주신 주기도문에 뭐라고 나와 있습니까? "우리가 우리에게 죄 지은 모든 사람을 용서하오니 우리 죄도 사하여 주시옵고"(눅 11:4)라고 합니다. 우리가 다른 사람을 용서하지 않으면 하나님도 우리 죄를 용서하지 않으실 것이라는 말씀입니다. 용서하지 못한 자는 자유로울 수가 없습니다. 그래서 용서는 누군가를 위해서가 아니고 나 자신을 위해서 하는 것입니다.

앞서 용서의 은혜를 입은 복음적 그리스도인으로서 생각해 보십시오. 누군가의 죄가 용서받을 때 내가 용서하고 안 하고가 기준이 됩니까? 내 용서와 상관없이 그는 이미 주님 앞에서 십자가 보혈로 죄를 용서받습니다. 용서받은 자로서 자유를 누릴 수 있습니다. 내가 용서하지 못하면 그가 아니라 내가 괴롭습니다. 스스로가 쳐 놓은 울타리에 갇혀 지내게 되는 것입니다.

복음적 그리스도인의 용서는 먼저 나를 자유케하는 축복입니다. 용서하지 않으면 우리는 언제까지나 증오심의 포로, 시기심의 포로, 이기심의 포로가 되어 살아갑니다. 그 증오심과 시기심은 뼈를 삭힐 것이고 삶을 병들게 할 것입니다.

가정과 교회는 사랑과 용서의 연습장

죄는 미워하되 죄인은 미워하지 말라고 합니다. 그런데 어리석은 우리는 죄보다 죄인을 더 미워하곤 합니다. 이제 증오의 대상을 바꾸어야 합니다. 우리가 증오하여야 할 것은 죄이지, 죄인이 아닙니다.

복음서를 보면 예수님은 죄인의 대명사라 할 수 있는 세리와 창기의 친구가 되어 주셨습니다. 죄가 없으시며 죄를 한없이 미워하시는 주님이 죄인과 친구가 되어 주신 것입니다. 세리와 창기의 죄를 미워하시되 사람은 용서하신 것입니다. 가상일언의 기도대로 죄인들의 무지를 이해하신 것입니다. 주님은 결코 죄는 용납하지 않으셨지만, 죄인의 무지는 이해하시고 그들의 용서를 위해 기도하셨습니다.

그 용서를 위해 주님은 십자가에 높이 달리셨습니다. 거절하고자 했지만 거절할 수 없었고 내려오고자 해도 내려올 수 없으셨습니다. 복음적 그리스도인들은 용서를 먹고 용서로 옷을 입고 용서로 살아가는 사람들입니다. 용서가 없어진다면 이 사회가 어찌 되겠습니까? 가끔 뉴

스에서 못된 사람들을 보면 차라리 다 죽어서 심판대 앞에 서면 좋겠다 싶을 때가 있습니다. 이 땅에 좋은 사람들만 모이면 더 좋은 세상이 올 것 아니겠습니까? 사실 성경에 그런 마음으로 심판하신 사건이 있으니, 노아의 홍수 사건입니다. 하나님은 모든 사람을 물로 심판하시고 당대의 의인 노아와 그의 가족을 남겨 두셨습니다.

그러나 노아의 홍수 사건 후에 세상이 좋아졌습니까? 세상 죄는 여전히 기승을 부립니다. 노아 홍수 심판이 주는 거대한 메시지가 무엇입니까? 죄는 이렇게 해결하면 안 된다는 것입니다. 우리 예수님은 모든 죄인을 심판하신 후에 더 좋은 사람들을 남겨 두는 방식으로 인류를 구원하시지 않았습니다. 십자가의 용서와 사랑으로 세상을 구원하셨습니다.

용서는 가정과 교회를 세우는 절대 요소입니다. 사람은 사랑과 용서를 먹고 사는 존재들이기 때문입니다. 가정과 교회는 천국이 아니라 사랑과 용서의 연습장입니다. 가정과 교회에서 용서를 못 하면 어디에서 누구를 용서하는 사람이 되겠습니까? 그리스도인은 용서와 사랑에 있어 부자가 되어야 합니다. 십자가의 영성에서 그 처음이 용서입니다.

우리 모두 예수님이 걸어가셨던 용서의 길을 따라갑시다. 용서를 위해 기도를 드려 봅시다. 용서를 순종합시다. 그 용서와 사랑이 십자가의 길에 순종하는 것이며 그것이 바로 아버지께서 기뻐하시는 길이기 때문입니다.

누구에게든 용서는 쉽지 않습니다. 그래서 기도하자는 것이요, 기도하는 사람으로 결단하자는 것입니다. 용서와 사랑은 내가 하는 것이 아닙니다. "이제는 내가 사는 것이 아니요 오직 내 안에 그리스도께서 사시는 것"(갈 2:20)이라는 말씀의 표현입니다. 내 안에서 내 삶을 살아내시는 주님의 본성이 용서와 사랑입니다. 사랑할 수 없는 사람을 사랑하고, 용서할 수 없는 사람을 용서하면 내 안에 솟아나는 은혜가 있습니다. 작은 예수로의 삶의 모습이 바로 용서와 사랑입니다. 그래서 용서와 사랑의 사람이 되는 것은 처절한 영적 싸움이라 할 수 있습니다.

예수님의 가상일언의 말씀을 나를 위한 가상일언, 나아가서 나의 가상일언으로 삼읍시다. 십자가를 삶으로 품은 복음적 그리스도인의 고백은 용서여야 합니다.

2장

구원
왜 삶의 기회를 포기하는가

눅 23:39-43

가상이언 架上二言

"내가 진실로 네게 이르노니 오늘 네가 나와 함께 낙원에 있으리라." 눅 23:43

갈보리 언덕 십자가에서 예수님과 함께 십자가에 달려 죽기를 기다리던 두 행악자가 있었습니다. 그들은 예수님의 좌우편에 함께 못 박혔습니다. 이 두 행악자에 대해 마태복음은 강도라 기록하고 있습니다.

이때에 예수와 함께 강도 둘이 십자가에 못 박히니 하나는 우편에, 하나는 좌편에 있더라 마 27:38

우편의 강도, 좌편의 강도가 누구인지 정확하게 설명하고 있지 않지만, 편의상 구원받지 못한 강도를 왼편 강도, 구원의 은혜를 입은 강도를 오른편 강도라고 표현하겠습니다. 가상이언은 바로 이 오른편 강도를 향해 예수님이 하신 말씀입니다.

처음에는 두 행악자가 함께 십자가에 높이 달리신 예수님을 저주하며 욕했습니다. 강도로서, 행악자로서 자신들도 십자가에 달려 죽어 가는 가운데 예수님을 비방한 것입니다. 사실 십자가에 달리신 예수님을 향한 비방은 군중들로부터 시작됐습니다.

지나가는 자들은 자기 머리를 흔들며 예수를 모욕하여 이르되 성전을 헐고 사흘에 짓는 자여 네가 만일 하나님의 아들이어든 자기를 구원하고 십자가에서 내려오라 하며 그와 같이 대제사장들도 서기관들과 장로들과 함께 희롱하여 이르되 그가 남은 구원하였으되 자기는 구원할 수 없도다 그가 이스라엘의 왕이로다 지금 십자가에서 내려올지어다 그리하면 우리가 믿겠노라 그가 하나님을 신뢰하니 하나님이 원하시면 이제 그를 구원하실지라 그의 말이 나는 하나님의 아들이라 하였도다 하며 함께 십자가에 못 박힌 강도들도 이와 같이 욕하더라 마 27:39-44

사람들은 예수님을 모욕하고 조롱했습니다. 자기 입으로 하나님의 아들이라 하지 않았느냐고, 그렇다면 지금 당장 십자가에서 내려와 보라면서 비웃었습니다. 그 군중의 말들에 휩쓸려 강도들마저 예수님을 비방합니다.

왼편 강도의 주장

십자가의 예수님을 비방한 왼편 강도는 안타깝게도 예수님의 십자가의 은혜를 거절했습니다.

달린 행악자 중 하나는 비방하여 이르되 네가 그리스도가 아니냐 너와 우리를 구원하라 하되 눅 23:39

어디서 많이 들어 본 이야기 아닙니까? 당신이 그리스도라면, 구원자라면 우리를 구원하라고 주장하는 것입니다. 그는 자신의 잘못은 말하지 않습니다. 자기가 왜 십자가에 달렸는지는 모르쇠로 일관합니다. 당시 십자가형을 당한다는 것은 끔찍한 죄를 지었다는 말입니다. 인간으로서 절대 하지 말아야 할 짓을 저질렀다는 말입니다. 그런데도 반성의 기미가 없습니다. 그저 예수님에게 당신이 할 수 있다면 나를 구원해 보라고 합니다. 나를 구원해 주면 원하는 대로 내가 당신을 믿어 주겠다고 합니다.

은혜를 모르는 사람들은 예나 오늘이나 언제나 이런 식의 주장을 합니다. "예수? 내 병을 고쳐 줘야 내가 믿

지!" "지금 먹고살기가 이리 힘든데 무슨 교회? 돈벼락을
내려 주면 나가든가!" 하는 것입니다. 마치 하나님을 향
해 "살아 계신다면서 왜 병균을 만들고 돈을 만들어 우
리가 병들고 가난하게 만듭니까?" "선악과 같은 건 왜 만
들어서 사람들이 타락하게 했습니까?" 하고 따지는 식입
니다.

그런 사람들은 교회를 향해 손가락질합니다. 자기들
의 죄와 허물은 말하지 않고 교회가 사회적 책임을 다하
지 않는다고, 목사가 왜 목사답지 못한 행동을 하느냐고
목소리를 높입니다. 자기들의 책임은 모르쇠입니다. 그
들은 예수님이 자기들이 만들어 놓은 상식과 기준 안에
서 춤을 춰야 한다고 생각합니다.

그리스도인이라고 다르지 않습니다. 십자가 은혜를
모르면 교회는 다니지만 자기의 죄와 허물은 못 봅니다.
오히려 내가 이렇게 믿어 주고 교회를 다녀 주고 있으니
하나님이 나를 축복해야 한다고 생각합니다. 내가 힘든
상황 가운데 있는 것은 말이 안 되고, 나를 고통 중에 그
냥 두는 것은 문제가 있으니 하나님에게 기적을 행해 보
라고 합니다. 당신이 그리스도라면, 다른 사람은 몰라도

나는 이렇게 버려 두면 안 되는 것 아니냐고 따집니다.

이르되 성전을 헐고 사흘에 짓는 자여 네가 만일 하나님의 아들이어든 자기를 구원하고 십자가에서 내려오라 하며 마 27:40

수많은 군중과 왼편 강도의 특징은 예수님이 왜 십자가에 달리셔야 했는지 모른다는 것입니다. 십자가가 주는 축복을 모르니 구원의 은혜를 입을 수도 없습니다. 그들은 십자가를 미련하게 봅니다. 놀라운 것은 우리 예수님이 그 미련해 보이는 십자가에 달려 계신다는 것입니다. 자신들을 구원할 십자가인데, 그 십자가가 주는 축복을 모르는 것입니다.

십자가의 도가 멸망하는 자들에게는 미련한 것이요 구원을 받는 우리에게는 하나님의 능력이라 고전 1:18

은혜 입은 오른편 강도

처음에는 오른편 강도도 예수님을 욕하고 비방했습니다. 그런데 무슨 이유에선지 그의 태도가 달라졌습니다. 왼편 강도를 향해 이렇게 말합니다.

> 하나는 그 사람을 꾸짖어 이르되 네가 동일한 정죄를 받고서도 하나님을 두려워하지 아니하느냐 우리는 우리가 행한 일에 상당한 보응을 받는 것이니 이에 당연하거니와 이 사람이 행한 것은 옳지 않은 것이 없느니라 하고 눅 23:40-41

오른편 강도는 왼편 강도처럼 예수님의 능력을 요구하지 않습니다. 예수님을 비방하지도 않습니다. 놀랍게도 그는 자신들의 죄와 허물을 이야기합니다. 십자가에서의 죽음의 원인을 자신들의 죄에서 찾은 것입니다. 그러면서 왼편 강도에게 자기들은 행악자로서 십자가형이라는 마땅한 보응을 받는 것이지만, 이분은 여기 계셔야 할 분이 아니라고 합니다. 예수님의 행하심에는 옳지 않은 것이 없으니 죄가 없다면서, 하나님이 두렵지 않느냐고 꾸짖어 말합니다.

지금 이들은 편안한 자리에서 두런두런 대화를 나누는 상황이 아닙니다. 극한의 고통을 감내하며 죽어 가는 중입니다. 그런데 왼편 강도를 꾸짖어 말하기가 쉬웠겠습니까? 게다가 지금 십자가 아래에서는 사람들이 하나같이 입을 모아 예수님을 비방하고 있습니다. 그들에게는 예수님이 죄가 있으신 분인지 아닌지는 중요하지 않습니다. 그저 예수님의 능력을 보이라고 이야기합니다. "성전을 헐고 사흘에 짓는 자여"라고 하는 것은 그동안 예수님이 하셨던 말들의 꼬리를 잡고 비아냥하는 것입니다. 주님이 무슨 의미로 성전을 헐고 사흘 만에 다시 짓겠다고 하셨는지조차 그들은 모릅니다.

그곳에 모인 수많은 사람, 그리고 왼편 강도는 십자가에 달리신 예수님을 초라하게 보고 있습니다. 그런데 놀랍게도 오른편 강도는 십자가에 달리신 예수님을 메시아로 보았습니다. 그의 고백은 은혜를 입은 사람의 고백입니다. 구원의 은혜를 입은 사람은 십자가 앞에서 먼저 자기 죄를 보고 예수님의 죽으심을 대속의 죽으심으로 보는 것입니다.

성경은 오른편 강도가 어떻게 이렇게 깨닫게 되었는
지는 말해 주고 있지 않습니다. 분명한 것은 그는 지금 은
혜를 입었습니다. 사람의 언어로는 설명할 수 없는 은혜
입니다. 그 은혜 안에서 오른편 강도는 예수님을 향해 이
렇게 부탁합니다.

이르되 예수여 당신의 나라에 임하실 때에 나를 기억
하소서 하니 눅 23:42

오른편 강도는 예수님께 지금이 아니라 영원을 부탁
하고 있습니다. 육신의 구원이 아닌 예수님이 세우고자
하신 나라, 하나님 나라를 이야기하면서 영원을 부탁했
습니다.

예수님을 비방했던 사람들, 은혜를 입지 못한 왼편 강
도가 원하는 것이 무엇이었습니까? 지금 십자가에 달려
있는 예수 자신과, 내 육신을 구원하라는 것입니다. 지
금 내려와 능력을 보여 보라는 것입니다. 그리하면 믿어
주겠다고 말입니다. 육신적 구원, 현실적 구원을 요구하

는 것입니다. 그런데 은혜를 입은 오른편 강도는 영원을 부탁하고 있습니다. 육신적 구원이 아니라 영적 구원입니다.

바로 이것이 우리가 오늘 예수를 믿어야 하는 이유입니다. 만약 기독교 복음에 죽음이 끝이고 내일이 없다면 그리스도인들은 불쌍한 사람들입니다.

> 만일 그리스도 안에서 우리가 바라는 것이 다만 이 세상의 삶뿐이면 모든 사람 가운데 우리가 더욱 불쌍한 자이리라 고전 15:19

복음의 은혜를 입고도 우리의 바라는 것이 다만 이 세상의 삶뿐이라면 이처럼 불쌍한 것이 없습니다. 하나님이 사람의 몸을 입고 오셔야 했던 이유가 무엇이었습니까? 예수님이 지금 십자가에서 죄인의 모습으로 죽으셔야 했던 이유가 무엇입니까? 오늘이 아니라 내일, 육신의 나라가 아니라 영원을 주시기 위함이셨습니다. 이것은 열두 제자조차 보지 못했던 것입니다.

우리가 시련과 연단 가운데서도 예수를 믿고 십자가

의 삶을 살아야 하는 이유가 무엇입니까? 그 십자가의 삶을 살아야 하는 이유를 오늘, 지금, 땅의 나라에서 찾는다면 우리에게 남는 것은 초라함뿐입니다. 그러나 십자가의 삶의 정점에는 하늘이 있고 영원이 있습니다. 지금 십자가에 달린 오른편 강도가 이 복음을 깨달았습니다. 예수님에게 영원을 부탁하고 있습니다. 자기 영혼의 구원을 호소하고 있습니다.

은혜를 입은 그에게 예수님이 뭐라고 말씀하십니까?

예수께서 이르시되 내가 진실로 네게 이르노니 오늘 네가 나와 함께 낙원에 있으리라 하시니라 눅 23:43

주님은 오른편 강도에게 영원을 주셨습니다. 영원에 대한 약속을 주신 것이 아닙니다. "네가 오늘, 지금! 나와 함께 낙원에 있겠다!"고 하신 것입니다. 하나님 나라, 천국, 구원을 지금 그 자리에서 주셨습니다.

이 말을 하나님이신 예수님 외에 누가 할 수 있겠습니까? 낙원의 주인이 되시는 예수님이 아니라면 누가 이렇게 말할 수 있느냐는 것입니다. 자신들이 메시아라 하며 많은 사람을 미혹하는 이단 교주들의 말을 들어 보십시오. 나중에, 십사만사천 명에 들어갈 수 있도록 하겠다고 합니다. 지금은 고생이지만 나중에 유토피아가 건설되면 왕 노릇하게 해 주겠다 합니다. 저들 교주들은 사람들을 미혹하여 미래를 약속합니다. 그러나 저들이 줄 수 있는 미래는 없습니다. 오늘은 미혹하게 하고 속일 수 있어도 영원은 저들의 것이 아니기 때문입니다. 시간과 공간 안에 우리와 같은 삶을 살고 있는 저들이 미래의 무엇을 줄 수 있겠습니까?

그러나 예수님은 사람의 몸을 입고 오셨지만 시간과 공간을 초월하신 하나님이십니다. 그런 분이기 때문에 미래를 약속하는 정도가 아니라 미래를 주십니다. 믿음을 고백하는 자에게 구원을 선물하십니다. 하나님이신 예수님만이 주실 수 있는 것입니다.

수많은 이단 교주가 아무리 자기가 메시아라 외쳐도 절대로 할 수 없는 말이 있습니다. "내가 하나님이라!" "내가 거룩하니 너희도 나처럼 거룩하라!" 이단 교주들의 특징은 미래를 약속하면서 자신의 내일은 모릅니다. 그래서 늙어 가는 자신을 보면서 후계자를 걱정합니다. 산더

미처럼 쌓아 놓은 돈, 물질을 아무에게나 물려줄 수 없기 때문입니다. 그렇게 내일 일을 모르는 가운데 그 대단하다던 교주들이 다 죽었습니다. 저들은 내가 천국에 먼저 가서 기다리겠다 하지 못했습니다. 이 땅에 남겨 둔 것을 걱정하면서 죽었습니다. 아직 죽지 않은 이단 교주라고 다르겠습니까? 그들은 이 땅에 적그리스도의 사명을 감당하다가 마침내 죽게 될 것입니다. 저들은 육신적 유토피아를 들어 사람들을 유혹했지만, 정작 자기들에게 그 유토피아는 없었고, 앞으로도 없을 것입니다.

그러나 주님은 하나님 나라를 약속합니다. 그 나라가 곧 예수님의 나라이기 때문입니다. 시간과 공간을 초월하신 분이기에 주실 수 있는 말씀입니다. 그 나라를 주시기 위해 지금 십자가에 달려 죽으신 것 아닙니까? 죄를 입고는 그 나라에 가지 못하니 그 모든 죄인을 대신해서 예수님이 십자가에 달리셔야만 했습니다. 죽으셔야 할 이유가 없으신 예수님이 내가 되어 십자가에 달려 계신 것입니다.

은혜를 입지 못한 사람들이 미련하게 보는 그 십자가에서 최고의 은혜가 보이지 않습니까?

믿게 되는 은혜

우리는 두 강도의 이야기 가운데 궁금한 것이 있습니다. 예수님을 비방했던 왼편 강도야 죽어 멸망의 길로 가는 것이 당연한 것 같습니다. 그러나 문제는 은혜를 입은 오른편 강도입니다. 그가 구원의 은혜를 입는 모습을 보면서 몇 가지 질문이 생깁니다.

오른편 강도는 어떻게 예수님이 그리스도인 것을 알게 되었을까요? 또 그는 어떻게 예수님이 죄가 없다는 것을 알고 십자가에 달린 채로 자기 죄를 고백할 수 있었을까요? 무엇보다 그는 땅의 나라가 아니라 영원의 나라를 어떻게 깨달아 예수님 앞에서 영원을 구하고 있는 걸까요? 누가 알려 준 것도 아니고 성경 공부를 한 것도 아닐 텐데 말입니다.

여러 학자의 주장이 있지만, 여기서 그 주장들에 대해 설명하고 싶지는 않습니다. 오른편 강도가 예수를 믿고 구원을 받은 것은 그의 공로에서 온 것이 아니라 오직 은혜이기 때문입니다.

우리가 예수를 믿고 천국 백성이 된 것의 근거가 우리

에게 있습니까? 우리가 교회를 잘 선택해서입니까? 남들보다 지혜가 있고 거룩했기 때문입니까? 절대로 아닙니다. 예수님이 믿어지고 말씀이 깨달아지는 것은 사람의 지혜나 지식으로 말미암은 것이 아닙니다. 우리 안에는 구원의 근거가 있을 수 없으니 오직 은혜입니다.

우리도 처음에는 십자가를, 선악과를 어리석게 보지 않았습니까? 그러나 구원을 받고 보니 오직 은혜라는 것을 깨달았습니다. 믿음의 근거가 사람에게 있을 수 없습니다. 하나님이 믿게 하시지 않으면, 하나님이 눈을 열어 주시지 않으면 아무도 믿을 수 없고 깨달아 알 수도 없습니다. 오직 하늘의 진리입니다. 내가 내 발로 교회에 걸어 들어간 것 같지만 그렇지 않습니다. 언제든지 누구든지 믿고자 하면 믿을 수 있는 것 같지만, 절대로 아닙니다.

… 믿음은 모든 사람의 것이 아니니라 살후 3:2

사람이 믿고자 한다 해서 믿을 수 있는 것이 아닙니다. 주는 그리스도시요 살아 계신 하나님의 아들이라 고백했던 베드로의 고백의 근거를 아십니까? 성경은 베드로가 똑똑해서 그렇게 고백했다고 말하지 않습니다.

> 예수께서 대답하여 이르시되 바요나 시몬아 네가 복
> 이 있도다 이를 네게 알게 한 이는 혈육이 아니요 하
> 늘에 계신 내 아버지시니라 마 16:17
> 영접하는 자 곧 그 이름을 믿는 자들에게는 하나님의
> 자녀가 되는 권세를 주셨으니 이는 혈통으로나 육정
> 으로나 사람의 뜻으로 나지 아니하고 오직 하나님께
> 로부터 난 자들이니라 요 1:12-13

  믿음도, 믿음의 고백도 사람으로 말미암은 것이 아닙
니다. 우리 아버지가 목사이고 장로이기 때문에 저절로
믿음이 생기는 것이 아니라는 말입니다. 물론 아버지가
목사이고 장로면 교회에 나올 수는 있겠지요. 그렇지만
믿음은 하늘의 사건이요, 주님이 주시는 선물입니다. 아
브라함의 하나님, 이삭의 하나님, 야곱의 하나님이 나의
하나님이 되는 과정이 있어야 합니다. 그리고 이 모든 과
정은 오직 은혜로만 이뤄집니다. 우리가 예수님을 믿고
복음을 깨닫게 된 과정을 되짚어 봅시다. 오직 은혜 아

님니까?

구원을 포기하지 말라

우리가 오른편 강도를 보면서 하게 되는 또 다른 질문이 있습니다. 세상에 온갖 죄를 지으면서 자기 마음대로 살다가 강도처럼 마지막 순간에 하는 잠깐의 고백으로 천국 백성이 될 수 있는지입니다.

어떻습니까? 좋게 이야기하면 세상에서 가장 복 받은 강도요, 다르게 보면 강도 중에 상 강도입니다. 그야말로 구원을 훔친 강도 아닙니까? 불공평하다고 느낄 수도 있습니다. 삶에 선한 것이라고는 없는데, 한평생을 흉악한 짓만 일삼으며 부패하고 타락하게 살았는데, 죽기 몇 시간 전에 한 회개 몇 마디로 용서받고 구원받는다는 것이 도대체 말이 됩니까? 그러나 은혜의 본질이 바로 불공평입니다. 천국의 원리는 하루에 여덟 시간 일한 품꾼과 겨우 한 시간 일한 품꾼에게 같은 보수를 주는 것이니, 오직 은혜입니다(마 20:1-16).

혹시 저 십자가 위의 강도가 내가 아닐까요? 나야말

로 저 십자가상의 강도처럼 극악무도한 죄인인데, 용서받을 그 어떤 가시적 행위도 한 게 없는데 용서받고 구원받은 것 아닙니까? 성경은 강도가 어떤 죄를 지어 십자가형을 받고 있는지, 그 강도의 이름이 무엇인지 정확하게 말씀하지 않고 있습니다. 그 이유가 무엇일까요? 그 십자가의 강도가 바로 우리이기 때문입니다. 그 강도를 나라고 볼 때 우리는 불공평이 아니라 은혜를 발견하게 되는 것입니다.

강도가 구원받은 사건을 통해서 우리가 깨달아야 할 것이 무엇입니까? 세상에 구원받지 못할 사람이 없다는 것입니다. 그가 아무리 큰 죄인이라 해도, 선하게 살아온 시간이 없다고 해도 우리는 구원받을 수 있습니다. 앞으로 살날이 얼마 남지 않았어도, 죽음이 단 몇 시간 앞으로 다가왔다 해도 우리는 나와 이웃의 구원을 포기해선 안됩니다. "내가 나이가 몇인데!" "살면 얼마나 산다고!" 하면서 구원을 포기하지 마십시오. 노인일수록 예수를 더 열심히 믿고 더 헌신하고 은혜를 받아야 합니다. 물론 젊은이들도 마찬가지입니다.

거저 받은 사랑을 나눠야 할 때

예수님은 이 가상이언을 통해 우리에게 어떤 요구를 하시는 걸까요? 그것은 바로 '복음 전도'입니다. 예수님은 십자가 위에서의 극심한 고통 가운데서 전도하셨고, 또 한 사람의 생명을 구원하셨습니다. 모든 상황 가운데서 전도의 모범을 보이셨습니다.

우리 주님이 이 땅에 오신 목적이 무엇입니까? 타락한 인류를 구원하시는 것 아닙니까? 그를 통해 하나님 나라를 회복하시는 것이 우리 주님의 사역입니다. 십자가에 죽으시는 그 순간까지 한 영혼이라도 더 구원하시려 애쓰신 것입니다. 영혼 구원에 대한 우리 주님의 뜨거운 열정을 십자가에서까지 보여주신 것입니다. 한 영혼을 향한 주님의 사랑과 열정이 오늘 우리에게 담기길 소망합니다.

지금은 우리가 예수님처럼 한 영혼의 가치를 소중히 여기고 전도를 위해 노력할 때입니다. 시간과 정성을 들이고 우리의 온갖 사랑을 동원하여 전도해야 합니다. 복음에는 부활의 능력이 담겨 있습니다. 그러므로 어둠에 갇힌 자, 죄악에 갇힌 자, 불신에 갇힌 자, 상처받은 자, 고통 가운데 있는 자, 눈먼 자를 해방합니다. 하나님은 우리를 통해 이 놀라운 부활의 복음이 선포되길 원하십니다.

주님은 이 사건을 통해서 어떤 상황에서든 전도가 가장 중요하다는 것을 가르쳐 주십니다. 삶의 마지막 순간, 구원받아야 할 영혼이 보이는 것은 복입니다. 구원받은 우리가 전도자의 삶을 결단하는 것은 대단히 중요합니다. 내가 받은 구원으로 또 다른 사람을 구원하는 것이야말로 하나님이 가장 기뻐하시는 일입니다.

예수님이 십자가에 달려서 강도와 대화를 나누셨던 그 짧은 시간, 어떤 강도에게는 그저 죽음 전 몇 시간이었지만, 어떤 강도에게는 천국으로 들어갈 수 있는 절호의 기회였습니다. 순간이 영원을 좌우한 것입니다. 성경 속 인물 중 바울의 생애를 보십시오. 그는 어떤 상황에서도 복음을 위한 삶을 살았습니다. 복음을 위해서라면 어디든 다녔고 순간을 놓치지 않았습니다.

우리 삶이 그래야 할 것입니다. 물론 한 생명, 한 영혼을 구원한다는 것이 쉽지 않습니다. 그러나 우리는 모두 복음의 빚진 자입니다. 사랑의 빚진 자입니다. 거저 받은 사랑을 나누는 것이 전도입니다. 최고의 순종이 전도입니다. 지금 삶의 현장에서 복음이 흘러가야 합니다. 기회는 자주 오지 않습니다. 기회가 올 때 붙잡는 사람이 행복한 사람입니다. 하나님의 우리에게 주신 전도의 기회, 영혼을 살리는 기회를 결코 포기하지 말고 끝까지 잘 감당하여 하늘의 별과 같이 빛나는 상급을 누리길 소망합니다.

3장

사명
주님의 부탁은 축복이다

요 19:25-27

가상삼언 架上三言

"여자여 보소서 아들이니이다. 보라 네 어머니라." 요 19:26, 27

예수님은 강도와 대화를 마치고 십자가 아래를 보십니다. 거기에 어머니 마리아, 이모, 글로바의 아내 마리아, 막달라 마리아 이렇게 네 여인이 울고 있었습니다(요 19:25). 그리고 그 옆에 사랑하는 제자 요한이 보였습니다. 목숨을 걸고 십자가를 바라보며 믿음을 지키고 있는 사람들입니다. 가상삼언은 그들을 향해 하신 예수님의 부탁입니다.

> 예수께서 자기의 어머니와 사랑하시는 제자가 곁에 서 있는 것을 보시고 자기 어머니께 말씀하시되 여자여 보소서 아들이니이다 하시고 또 그 제자에게 이르시되 보라 네 어머니라 하신대 그때부터 그 제자가 자기 집에 모시니라 요 19:26-27

십자가에서 죽어 가시는 예수님에게 아들로서 육신의 어머니를 걱정하는 마음이 있었습니다. 내가 떠나고 나면 누가 어머니를 모실까 하는 염려입니다. 예수님의 형제들은 이 자리에 아무도 없었습니다. 열두 제자 중에서도 사도 요한만이 있었는데, 그마저도 처음에는 도망했다가 나중에야 돌아왔습니다. 그래서 예수님은 자신의 어머니를 제자인 요한에게 부탁하신 것입니다.

예수님은 먼저 어머니 마리아에게 "여자여 보소서 아들이니이다" 말씀하시고, 요한에게 "보라 네 어머니라" 하십니다. 저는 이 가상삼언의 말씀을 묵상하면서 이것이 무엇을 부탁하시는 것일까 생각해 봤습니다. 과연 예수님은 요한에게 마리아를 부탁하신 걸까요, 아니면 마리아에게 요한을 부탁하신 걸까요? 물론 표면적으로는 사랑하는 제자에게 어머니를 부탁하는 말씀입니다. 그렇다면 그 부탁은 어머니를 위한 것일까요, 요한을 위한 것일까요?

이해가 되십니까? 우리는 지금까지 이 가상삼언의 말씀을 당연히 젊은 청년인 요한에게 노모를 부탁하시는 것이라고만 이해했던 것 같습니다. 그러나 저는 이 부분을 좀더 깊이 묵상하면서 어쩌면 여기에는 양면의 의미가 담겨 있겠다고 생각했습니다. 이 말씀은 어머니 마리

아를 위한 부탁이면서 동시에 제자 요한을 위한 부탁이
기도 한 것입니다.

십자가 위에서 하신 부탁

혹시 말씀을 듣는 중에, 기도를 하는 중에 예수님의 부
탁을 들어 본 적이 있습니까? 어떤 사명, 사람, 사역으로
의 부탁 말입니다. 저는 하나님이 목사인 제게 주님의 몸
된 빛나교회와 사랑하는 성도들을 부탁하셨다고 믿고 있
습니다. 또 많은 곳에서 말씀을 전해야 하는 사역도 예수
님의 부탁이라 믿습니다. 그래서 저는 사역의 환경이나
대상의 어떠함이 내 마음에 드는지 들지 않는지는 중요
하지 않다고 생각합니다. 이것은 하나님의 부탁이기 때
문입니다.

오래전 많이 불렀던 복음성가 가운데 "길 잃은 청지기"
라는 곡이 있습니다.

내가 너를 믿고 맡긴 사명 너는 왜 잊어버렸나

나만 따르리라 하던 약속 너는 왜 잊어버렸나

내가 너를 믿고 맡긴 재물 왜 너의 배만 채우나

나를 위해 다시 바치리라 그 약속 잊어버렸나

위로받기보다는 위로하고 사랑받기보다는 사랑하고

십자가만 면류관만 바라보며 의의 길 간다더니

위로하기보다는 위로받고 사랑받기만 원하네

어떻습니까? 주님으로부터 받은 사명, 부탁을 잊어버린 채 살아가고 있지는 않습니까?

요나는 니느웨로 보내시는 하나님의 말씀 앞에서 도망하는 어리석은 교만에 빠졌습니다. 다윗은 왕 중의 왕이 되는 과정 가운데 사울을 부탁받았습니다. 바울에게는 이방인의 전도 사명을 맡기셨습니다. 힘들다, 싫다, 마음에 들지 않는다 하며 예수님의 부탁 앞에서 도망하시겠습니까? 물론 우리에게 예수님의 부탁을 들어 행하는 것은 쉽지 않은 일일 것입니다.

결혼한 지 오랜 시간이 지나는 동안 아이가 없던 한 가정이 있었습니다. 온 교회 성도들, 목사님의 기도가 쌓여 갔습니다. 그 집에 한 생명 허락해 달라는 기도였습니다. 놀라운 일이 일어났습니다. 시간이 지나 나이가 많이 든

부부 사이에 아이가 잉태되었습니다. 교회도, 당사자들도 놀랐습니다. 이제는 모든 사람이 노산이니 아이가 잘 태어나게 해 달라고 기도했습니다. 그리고 때가 되어 아이가 태어났습니다. 그런데 의사에게 충격적인 이야기를 들었습니다. 아이가 감당하기 힘들 정도의 장애를 안고 태어났다는 소식이었습니다.

고통 가운데 출산한 엄마는 아무것도 모른 채 아이를 기다렸습니다. 그런데 의사도, 남편도, 어머니도 서로 나중에 보자 하며 아이를 데려오지 않았습니다. 하루, 이틀, 사흘째가 되어도 아무도 자기에게 아이를 보여주지 않자 아이 엄마는 기도를 시작했습니다. 그렇게 기도하다가 아이를 데려오라 했습니다. 어쩔 수 없이 아빠가 아이를 데려다 주었습니다. 보기 안타까울 정도로 장애를 품은 아이를 안고 아이 엄마는 말없이 한참을 울었습니다. 그렇게 울기만 하던 엄마가 진지한 표정으로 가족을 불러 모아 감사기도를 하자고 했습니다. 그러면서 이렇게 이야기했습니다.

"하나님이 이 땅에 여러 모습의 사람을 보내야 하는데, 이 아이를 어떤 가정에 보내야 잘 섬겨 줄 것인가 많이 고민하셨을 것입니다. 하나님은 오랫동안 아이를 달라고 기도한 나에게, 우리 가정에 이 아이를 선물로 주셨습니다. 우리가 믿을 만해서, 우리를 믿고 이 아이를 부탁하셨습니다."

그리고 하나님으로부터 부탁받은 아이를 품에 안고서 아이 엄마는 최고의 감사를 드렸습니다.

우리가 하늘나라에 가면 두 가지 질문을 받는다고 합니다. 고난과 사명에 관한 질문입니다. 하나는 내가 너에게 맡긴 고난을 잘 감당하다가 왔느냐는 것입니다. 또 하나는 내가 너에게 맡긴 사명을 잘 감당하다가 왔느냐는 것입니다. 고난과 사명을 저울로 달아 보면 무게가 같을 것입니다. 둘의 가치가 같기 때문입니다. 하나님이 우리를 받으실 때 고난을 통해서 받기도 하시고, 사명을 통해 받기도 하실 것입니다. 그러니 우리는 고난과 사명 안에서 믿음을 잘 지켜 내야 합니다.

부탁 속에 담긴 축복

십자가 위에 달리신 예수님으로부터 어머니를 부탁받

은 요한의 마음은 어땠겠습니까?

전승에 의하면 요한은 마리아가 죽기까지 30년이 넘는 시간 동안 그녀를 돌봤다고 합니다. 그저 평강 가운데 모신 것이 아닙니다. 종교로 인한 핍박 때문에 여러 곳으로 피난을 다니면서 모셔야 했습니다. 예수의 어머니인데 오죽했겠습니까? 그러니 그 긴 시간의 수고와 고통은 말로 표현하기가 힘들었을 것입니다.

삶의 환경도 힘들었겠지만, 사역을 하는 데도 요한에게 갈등이 없었겠습니까? 함께했던 제자들, 베드로와 도마, 무엇보다 엉뚱하게 사도라 주장하는 바울의 사역을 전해 들으면서 자신도 뛰어나가 복음 사역을 감당하고 싶은 마음이 없었겠냐는 것입니다. 그런데 예수님께 어머니를 모시는 일을 부탁받았으니 답답한 마음이었을 것입니다. 사도로서 노인 한 분 모시다 끝나는 것 아닌가 하는 염려도 있었을 것입니다. 그의 처지를 생각하면 안타까운 마음이 듭니다.

모든 일이 그렇습니다. 남이 하는 일은 크게 보이고 내가 하는 일은 작아 보입니다. 그러나 오늘 예수님의 부탁이 작아 보인다 하여 언제까지나 작은 것은 아닙니다. 마리아를 모신 30년 동안 놀랍게도 요한은 예수님의 부탁을 지키며 진정한 사도가 되어 가고 있었습니다. 우뢰의 아들이라 불릴 정도로 모가 났던 요한이 사랑의 사도로 변화되었습니다. 사역에 있어서도 복을 받아 요한복음, 요한 일·이·삼서를 기록했고, 요한계시록에까지 저자로서 이름을 올렸습니다. 대단한 영광 아닙니까? 결국 예수님의 부탁은 요한을 위한 것이었습니다.

오늘 내 삶의 고난이 예수님의 부탁일 수 있고, 내 삶의 환경이 예수님의 부탁일 수 있습니다. 오늘 내 주변에 마음에 들지 않는 누군가가 예수님의 부탁일 수 있습니다. 나중 섭리를 계획하신 주님의 부탁입니다. 결국 그 부탁은 우리를 위한 것입니다.

십자가의 예수님은 전능자 하나님이십니다. 지금은 십자가에서 고통을 당하시고 곧 죽음을 맞겠지만, 3일 후에 부활하실 것을 알고 계셨습니다. 생각해 보세요. 그 전능자이신 예수님이 어머니에 대한 대책을 세울 방법이 없어 요한에게 부탁하셨겠습니까?

예수님은 지금 십자가 아래의 요한을 주목하십니다. 저는 처음부터 도망한 요한을 십자가 아래에 오게 하신 분도 주님이라고 믿습니다. 다른 사람을 부르실 수 있었지만, 예수님은 요한을 지명하여 부르셨습니다. 그리고 요한에게 부탁하셨습니다. 다른 방법이 없어서가 아닙니다. 어머니를 염려해서도 아닙니다. 오직 요한을 위해서였습니다.

당시 요한은 예수님의 제자였지만 완전하지 않았습니다. 조금 전까지만 해도 다른 제자들과 함께 예수님을 저주하면서 도망쳤습니다. 형제 야고보와 함께 예수님의 오른편, 왼편 중 한 자리를 요구하던 전적도 있습니다. 그 자리를 욕심내는 야고보와 요한에게 주님이 하셨던 말씀이 있습니다.

> 예수께서 이르시되 너희는 너희가 구하는 것을 알지 못하는도다 내가 마시는 잔을 너희가 마실 수 있으며 내가 받는 세례를 너희가 받을 수 있느냐 그들이 말하되 할 수 있나이다… 막 10:38-39

이렇게 욕심이 많은 요한과 야보고의 성품은 어떠했습니까?

또 세베대의 아들 야고보와 야고보의 형제 요한이니

이 둘에게는 보아너게 곧 우레의 아들이란 이름을 더

하셨으며 막 3:17

요한과 야고보 형제를 칭한 '보아너게 곧 우레의 아들'
은 '소동, 흥분, 분노의 아들'이라는 뜻입니다. 우리로 표
현하면 '기차 화통을 삶아 먹은 사람'입니다. 이들 형제,
요한과 야고보가 얼마나 과격한 성격이었는지 알 수 있
는 장면이 있습니다. 예수님이 사랑하는 제자들과 함께
사마리아인의 한 마을에 들어갔을 때입니다.

예수께서 예루살렘을 향하여 가시기 때문에 그들이

받아들이지 아니 하는지라 눅 9:53

예수님이 사마리아를 목적으로 오신 것이 아니라 예루
살렘에 가기 위해 거쳐 가는 것을 보면서 예수님의 길목
을 막은 것입니다. 사마리아 사람들이 예수님을 거부하
는 가운데 요한과 야고보의 반응이 있었습니다.

제자 야고보와 요한이 이를 보고 이르되 주여 우리가
불을 명하여 하늘로부터 내려 저들을 멸하라 하기를
원하시나이까 눅 9:54

한 성질 하는 요한을 보십시오. 착각을 해도 단단히 하
고 있습니다. "우리가 불을 명하여 하늘로부터 내려 저들
을 멸하라" 하겠답니다. 예수님을 따르면서 기적들이 일
어나고, 귀신이 떠나가는 것을 보다 보니 자기들 능력인
줄 착각하는 꼴입니다.

이런 요한에게 어머니를 부탁할 수 있겠습니까? 아마
도 예수님은 나중 제자들 가운데 야고보가 가장 먼저 순
교하게 될 것을 아셨던 것 같습니다. 그래서 예수님이 요
한과 야고보에게 너희가 나의 마시려는 잔을 마실 수 있
느냐 물으시며 십자가의 죽음을 생각하셨습니다. 제자들
가운데 가장 먼저 순교한 제자가 야고보이고 가장 오랫동
안 살아 사역을 감당했던 제자가 요한입니다. 저들은 그
것도 모르고 예수님께 십자가의 잔을 요구하였고, 그 요
구에 응답받았습니다.

이랬던 요한이지만, 예수님의 부탁을 받고 그 사명을

완수해 나간 30여 년 동안 온전한 사도, 사랑의 사도 요한으로 바뀌어 갔습니다. 이것이 바로 사명, 즉 예수님의 부탁이 축복인 이유입니다.

우리는 맡겨진 직임 앞에서 두렵고 떨려야 합니다. 내가 주님을 위해 뭔가를 한다는 식의 인심 쓰는 마음으로 임하면 복이 없습니다. 모든 섬김은 결국 나를 위한 것이란 사실을 기억하십시오. 요나를 니느웨로 보내심은 니느웨를 위함이 아니라 요나 자신을 위한 것이었습니다. 요나 안에서나, 우리 안에서 하나님의 원하심을 중요하게 생각해야 하는 이유입니다. 맡겨진 사명은 사명 자체가 아니라 우리의 축복을 위한 것입니다.

아직 돌아오지 않은 형제들

십자가 위 예수님께는 또 하나 보이지 않는 염려가 있었습니다. 아직 믿지 않는, 예수님을 거절하고 있는 동생들입니다. 우리 식으로 표현하면 어머니도 어머니이지만 동생들이 아직 예수님을 믿지 않는 것입니다. 저는 이 염려를 '염려 아닌 염려'라 하겠습니다. 왜 그럴까요?

먼저 아우들, 형제들을 향한 예수님의 염려를 생각해 봅시다. 예수님은 전도를 위해서 이 땅에 오셨고, 많은 사명을 감당하셨습니다. 그래서 많은 사람이 예수님을 알고 믿게 되었을 뿐 아니라 예수님의 제자가 되기를 원했습니다. 그러나 예수님이 공생애 사역을 감당하시는 가운데 그 형제들 가운데 누구도 예수님을 따르거나 믿지 않았습니다. 오히려 동생들이 예수님을 거절했으니, "선지자가 고향에서는 환영을 받는 자가 없느니라"(눅 4:24)는 말씀의 실제였습니다.

그럼에도 제가 이 형제들을 향한 예수님의 마음을 '염려 아닌 염려'라 한 이유가 있습니다. 형제들의 구원 문제는 성령께서 하실 일이었기 때문입니다. 나중에 성령께서 어떻게 역사하셨습니까? 예수님이 부활 승천하신 후, 처음 성령의 진원지가 되었던 마가 요한의 다락방에서 생긴 일입니다.

여자들과 예수의 어머니 마리아와 예수의 아우들과 더불어 마음을 같이하여 오로지 기도에 힘쓰더라 행 1:14

예수님의 형제들이 마가 요한의 다락방에서 120명의 무리 가운데 들어가 성령의 임재를 사모하며 간절히 기도하고 있습니다. 역사상 가장 복된 자리에서 가장 복된 모습의 사람이 되어 있는 것입니다. 예수님이 살아서 사명을 감당하실 때에는 예수님을 거절하던 동생들이었습니다. 그 동생들이 부르짖어 기도하는 사람이 되었습니다. 성령의 능력을 사모하는 사람이 되었습니다.

어떻게 이런 역사로 이어졌는지는 잘 모릅니다. 다만 이 모든 일이 철저한 은혜 가운데서만 일어날 수 있다는 것은 분명합니다. 예수님 동생들의 모습은 또한 우리 모두가 꿈꾸는 소망 아닙니까? 우리 가족, 내가 아는 사람들, 나를 아는 사람들 모두가 이 복된 자리에 있기를 소망하고 있으니 말입니다.

지금도 사랑하는 가족들을 전도하지 못하여 애태우고 있는 분이 있다면, 바라기는 끝까지 소망을 놓지 마시기 바랍니다. 지금 믿지 않는 가족들에 대해 사탄이 무엇이라 참소해도 전도의 기도를 포기하지 마시기 바랍니다. 아직 인가귀도(引家歸道; 가족을 인도하여 도에 이르게 한다는 말로, 가족 전도를 뜻함) 하지 못한 여러분 힘내십시오. 가족을 전도하지 못한 것은 우리만의 책임이 아닙니다. 인간적인 방법으로 배우자를 전도할 수 있다면 어떠한 것이라도 하지 않겠습니까? 전도만 할 수 있다면 내가 제물이 되어서라도 형제를, 가족을 구원하지 않겠습니까? 가족 구원의 문제로 아파하는 분들에게 부탁합니다. 누구의 어떠한 말로도 상처받지 말고 전도의 기도를 절대로 포기하지 마십시오. 기도를 포기하면 안 됩니다.

지금은 우리의 전도를 거절하지만, 예수님의 형제들처럼 언젠가 가장 복된 자리에 우리 가족이 앉아 은혜를 사모할 것입니다. 무엇보다 그렇게 복된 자로 서는 날, 남은 사명을 감당하게 될 것입니다. 세상 마음대로 되지 않는 것이 가족 전도입니다. 성경은 마가 요한의 다락방에 있는 예수님의 동생들을 통해 오늘 우리에게 격려하며 힘을 내라고 말씀하고 있습니다.

목사인 제게도 아픔이 있습니다. 저는 9남매 가운데 여덟째입니다. 그런데 하나밖에 없는 동생이 여호와의증인 신도입니다. 목사로서 제 가장 큰 아픔이고 고통입니다. 어릴 때부터 여호와의증인 신도가 되어 무엇이라 복음을 전해도 듣지도 않고 만나 주지도 않습니다. 주님 앞에 돌아오기만 하면 무엇이라도 해 줄 수 있을 것 같은데 말입니다.

이렇게 아파하는 제게 마가 요한의 다락방에 있는 예수님 동생들의 모습은 주님이 저에게 주시는 용기요, 희망이었습니다. 그러니 제가 먼저 기도를 포기할 수 있습니까? 그러니 같은 어려움으로 아파하고 있는 여러분, 우리 같이 힘을 내어 기도합시다. 형제들, 가족들의 전도가 되지 않으면 다른 사람을 전도하여 전도를 심어 열매를 사모합시다. 지금의 뼈를 녹이는 것 같은 염려가 축복으로 보여질 그날이 올 것입니다.

마리아에게 맡겨진 사명

요한이 마리아를 모시는 것이 쉽지 않았겠지만, 마리아 또한 요한과 함께 사는 것이 쉽지 않았을 것입니다. 물론 예수님의 부탁이니 요한이 지극정성 모셨겠지만, 친아들이 아닌데 그런 이의 섬김을 받는 것이 쉬웠겠습니까?

또 아직 변하지 않은 우레의 아들 요한이 어머니 마리

아를 순탄하게만 모셨을 것 같지는 않습니다. 어느 순간 폭팔하며 성질을 내지 않았을까요? 그가 나쁜 사람이라서가 아니라, 어머니를 모시고 핍박을 피해 피난을 다니다 보면 힘에 부쳤을 것입니다. 그러니 가상삼언은 요한에게 어머니를 부탁하는 것처럼 보이지만, 알고 보면 어머니에게 요한을 부탁한 것일 수도 있습니다.

"어머니, 요한 저놈은 그냥은 안 됩니다. 웬만한 사람은 감당하기 힘이 드니 어머니가 맡아 주셔야 합니다. 또 성질이 하도 더러워서 단기간에 안 되니 오래오래 건강하게 살아서 요한이 사랑의 사도가 되게 해 주십시오."

요한은 마리아에게 맡겨진 마지막 사명이었습니다. 요한이 요한 되기까지, 어머니로서 마리아의 기도와 모범과 은혜가 있었던 것입니다.

사실 마리아는 처음부터 사명의 사람이었습니다. 그녀에게 처음 맡겨진 사명은 예수님의 잉태였습니다. 하나님이 사람의 몸을 입고 오실 때에 마리아의 몸을 통해 잉태하신 것입니다.

천사가 이르되 마리아여 무서워하지 말라 네가 하나

님께 은혜를 입었느니라 보라 네가 잉태하여 아들을
낳으리니 그 이름을 예수라 하라 눅 1:30-31

이 말도 안 되는 선포의 말씀에 마리아의 대답이 무엇
이었습니까?

마리아가 천사에게 말하되 나는 남자를 알지 못하니
어찌 이 일이 있으리이까 눅 1:34

그러나 마침내 마리아는 천사의 선포 앞에 순종하여
받아들입니다.

마리아가 이르되 주의 여종이오니 말씀대로 내게 이
루어지이다 하매 천사가 떠나가니라 눅 1:38

더 놀라운 것은 예수님을 잉태한 사명이 마리아에게는
복이었다는 것입니다.

주께서 하신 말씀이 반드시 이루어지리라고 믿은 그

여자에게 복이 있도다 눅 1:45

마리아의 두 번째 사명은 어미로서 아들 예수님을 메시아로 믿고 따르는 것이었습니다. 그 길은 외로움이었을 것입니다. 예수님에게는 인간적 가족 관계보다 영적 가족 관계가 우선이었으니 말입니다.

예수께서 무리에게 말씀하실 때에 그의 어머니와 동생들이 예수께 말하려고 밖에 섰더니 한 사람이 예수께 여짜오되 보소서 당신의 어머니와 동생들이 당신께 말하려고 밖에 서 있나이다 하니 말하던 사람에게 대답하여 이르시되 누가 내 어머니이며 내 동생들이냐 하시고 손을 내밀어 제자들을 가리켜 이르시되 나의 어머니와 나의 동생들을 보라 누구든지 하늘에 계신 내 아버지의 뜻대로 하는 자가 내 형제요 자매요 어머니이니라 하시더라 마 12:46-50

예수님의 말씀은 하나님의 일을 사람의 일로 만들지 않는 원리일 것입니다. 인간적 관계를 통하여 예수님을,

주님의 몸 된 교회를 바라보고 기대하면 안 되는 것입니다. 하나님의 일은 끊임없이 사람의 생각을 깨뜨리고 하나님의 원하심을 담아내는 것입니다. 따라서 우리는 사명을 감당할 때 하나님의 일을 사람의 일로 만들지 않아야 합니다.

마리아의 마지막 사명은 우레의 아들 요한을 사도 요한 되게 하는 것입니다. 지금은 불완전한 제자이지만, 나중 섭리 안에서 가장 오랫동안 살아 복음을 전할 사랑의 사도입니다. 지금의 모습을 보고 포기하면 안 되는 제자입니다. 예수님은 요한의 지금 모습을 보고 그를 포기하지 않았습니다. 마지막 순간 그를 어머니에게 부탁하면서까지 붙잡았습니다.

마지막까지 자신의 사명을 놓지 마십시오. 환경이 무엇이라 좌절시키고 사탄이 무엇이라 참소해도 주님이 맡겨 주신 부탁을 감당해야 합니다. 예수님의 부탁에는 나를 위한 축복이 담겨 있습니다.

여러분에게 예수님의 부탁, 예수님이 맡기신 사명이 있다면 무엇입니까? 내 삶에서 주의 뜻이 온전히 이루어지기를 원하는 가운데 맡겨진 사명 말입니다. 전도 또는 선교의 부탁일 수 있습니다. 섬김의 부탁일 수도 있고, 기도의 부탁일 수도 있습니다. 용서의 부탁일 수도 있습니다.

"내가 너를 믿고 맡긴 사명 너는 왜 놓아 버렸니" 하는 질문을 받지 않게 되길 바랍니다. 끝까지 인내합시다. 끝까지 순종합시다. 주님의 부탁에 담긴 축복을 우리 모두 누릴 수 있기를 바랍니다.

2부

어둠 속의 호소

4장

사랑
예수님의 고통을 발견하라

마 27:45-46

가상사언 架上四言

"엘리 엘리 라마 사박다니. 나의 하나님, 나의 하나님, 어찌
하여 나를 버리셨나이까." 마 27:46; 막 15:34

오전 9시에 십자가에 달리신 예수님은 여섯 시간 만인, 오후 3시에 운명하셨습니다. 성경에 나오는 시간에 6을 더하면 우리가 사용하는 시간이 됩니다.

제육시로부터 온 땅에 어둠이 임하여 제구시까지 계속되더니 마 27:45

제육시면 우리 시간으로 정오인데, 그 한낮에 어둠이 임하였습니다. 그 캄캄한 어둠이 오후 3시까지 계속되는 가운데 십자가의 예수님이 가상사언의 말씀을 하셨습니다.

모든 성경 말씀이 그러하지만 이 가상사언의 외침을 우리 인간의 제한된 지식과 지혜로 온전히 해석하는 것은 불가능합니다. 하나님의 아들이 아버지 하나님에게 버림받은 것은 그 자체가 신비요, 복음의 비밀이기 때문입니다. 하나님이 깨닫게 하시고 계시해 주시지 않으면 정확히 알 수 없을 만큼의 깊이가 있는 사건입니다. 가상 사언의 말씀을 오직 믿음으로 받아야 하는 이유입니다.

가상사언에 대해서 아더 핑크(Arthur Pink)는 '예수의 고뇌'라 했고 이동원 목사는 '고독의 말씀'이라 했습니다. 저는 '십자가에서 버림받은 예수님의 호소'라고 하겠습니다.

십자가에서 버림받은 예수님의 호소

십자가의 예수님은 무슨 문제가 있어 하나님으로 부터 버림받은 것이 아닙니다. 아무 죄 없으신 예수님이 스스로 버림받으셨습니다. 막연하게 버림받은 것이 아닙니다. 분명한 목적과 의도가 있어서 버림받으신 것입니다. 하나님의 버리심 역시 마찬가지입니다. 완전하거나 영원한 버리심이 아니었습니다. 공통적 목표에 의한 일시적인 버리심입니다. 따라서 이것은 버림받았지만 버림받았다고 말할 수 없습니다.

그렇다면 성부 하나님과 성자 예수님의 공통적 목표가 무엇일까요? 하나님의 백성을 죄에서 구원하는 것입니다. 죄와 사망에 빠져 있는 백성들을 하나님 나라로 되찾아오고자 하심입니다. 이것이 하나님이 사람의 몸을 입고 '예수'로 오신 이유이며, 하나님이신 예수님이 로마 군병들에게 고난을 받으신 이유이고, 죄 없으신 예수님이 십자가에 달리신 이유입니다.

　예수님은 완전한 하나님의 아들로서 아무 잘못이나 흠이나 티를 찾을 수가 없는 분이었습니다. 예수님은 세상이 창조되기 전부터 하나님의 영광에 참여하신 분이었습니다. 그럼에도 예수님이 왜 하나님께 버림받아야 했고, 이렇게 비통하게 부르짖어야만 했겠습니까?

87

　하나님이 죄를 알지도 못하신 이를 우리를 대신하여 죄로 삼으신 것은… 고후 5:21

　예수님이 우리의 죄를 담당하셨기 때문입니다. 우리 죄를 자신의 죄로 삼으셨습니다.

　그가 찔림은 우리의 허물 때문이요 그가 상함은 우리의 죄악 때문이라 그가 징계를 받으므로 우리는 평화

를 누리고 그가 채찍에 맞으므로 우리는 나음을 받았
도다 우리는 다 양 같아서 그릇 행하여 각기 제 길로
갔거늘 여호와께서는 우리 모두의 죄악을 그에게 담
당시키셨도다 사 53:5-6

원래 버림받아야 할 자는 우리입니다. 그런데 우리 죄
를 짊어지신 주님이 대신 버림을 당하셨습니다. 이 잠깐
의 시간이 있음으로써 우리는 영원히 버림받지 않게 되
었습니다. 주님이 우리의 고난을 대신 받으셨기 때문에
우리는 죽어서도 지옥 불못에 떨어지지 않고 영원한 안
식에 들어갈 수 있는 것입니다. 그리스도가 나를 대신하
여 버림받고 피 흘려 죽으심으로 내가 구원받은 것, 이것
이 최고의 진리요, 최대의 신비요, 오직 믿음으로 받을 수
있는 영원한 비밀이자 복음입니다.

그래서 가상사언을 잘 보면, 늘 하나님을 "아바 아버지
여"라고 부르셨던 예수님이 이때만큼은 "나의 하나님, 나
의 하나님"이라고 부르십니다. 이때만큼은 하나님의 독
생자로서가 아니라 우리의 죄를 짊어지고 우리의 모습으
로 버림을 받으신 것이기 때문입니다.

예수님은 처음부터 버림받을 어린 양으로 오셨습니다. 예수님이 공생애를 시작하시기 전에 요단강에서 세례 요한에게 세례를 받으시는데, 이때 눈이 열린 세례 요한이 이렇게 외칩니다.

> 이튿날 요한이 예수께서 자기에게 나아오심을 보고 이르되 보라 세상 죄를 지고 가는 하나님의 어린 양 이로다 요 1:29

이 말씀을 자세히 보면 국어학적으로 문제가 있습니다. 세례 요한이 지금 자기를 향해 오고 계시는 예수님에게 세상 죄를 지고 '가신다'고 외친 것입니다. 지금 세례 요한이 보고 있는 것이 무엇입니까? 제물이 되어 십자가를 향하여 가시는 예수님입니다.

예수님은 제물이 되고자 하는 목적을 가지고 오셨습니다. 그리고 그 목적대로 십자가에 달리셨습니다. 그 목적을 이루기 위해 성부 하나님은 성자 예수님을 버리셨고, 성자 예수님은 자원함으로 버림을 당하셨습니다. 그리고 이것은 일시적 버림입니다. 우리를 죄에서 구원하시기 위함입니다. 이것이 십자가에 달리신 예수님의 믿음이었습니다. 그리스도인의 믿음이 바로 예수님의 이 믿음과 같아야 합니다.

바람 없이 피는 꽃이 있을 수 없듯

우리도 때로는 많은 시련과 연단 가운데 버림받았다고 느낄 때가 있습니다. 가상사언의 호소는 종종 우리의 호소이기도 합니다. 때로 질병 가운데, 사업의 실패 가운데, 가정의 아픔 가운데 우리는 누구와도 공유할 수 없는 고통을 호소합니다.

연약한 우리와 예수님의 차이가 무엇입니까? 우리는 하나님의 섭리를 보지 못한다는 것입니다. 내일 일을 내다보지 못한다는 것입니다. 따라서 우리에게 필요한 것은 내일에 대한 믿음입니다. 지금의 고통 또한 하나님의 섭리 가운데 있음을, 내일은 하나님의 손에 달렸음을 믿는 것입니다.

고난의 대명사라 일컬어지는 욥이 모진 시련 가운데 했던 고백이 있습니다.

그는 뜻이 일정하시니 누가 능히 돌이키랴 그의 마음

에 하고자 하시는 것이면 그것을 행하시나니 그런즉

내게 작정하신 것을 이루실 것이라 이런 일이 그에게

많이 있느니라 욥 23:13-14

욥은 자신의 고난 가운데 담긴 하나님의 섭리를 믿음

으로 고백하고 있습니다. 지금 내가 겪는 고통 안에 하

나님의 뜻이 담겨 있다고 말입니다. 하나님은 하나님만

이 아시는 섭리 가운데 욥에게 모진 시련을 허락하셨습

니다. 하나님만이 아시는 섭리 가운데 모세를 미디안 광

야에 40년 동안 버려두셨습니다. 하나님만이 아시는 섭

리 가운데 요셉을 애굽의 노예가 되게 하시고 옥살이하

게 하셨습니다. 하나님만이 아시는 섭리 가운데 이스라

엘을 바벨론의 포로가 되게 하셨고, 출애굽한 후에는 광

야에 40년 동안 버려두셨습니다.

그러나 이들의 버림은 영원한 버림이 아니었습니다.

이스라엘의 광야 40년은 징계가 아니라 오히려 하나님의

기대였습니다. 우리도 마찬가지입니다. 하나님의 사람을

향한 버리심은 사실 버리심이 아닙니다. 혹시 삶의 현장

에서 하나님이 나만을 외면하시는 것 같아 아파 본 적이 있습니까? 다른 사람들은 다 행복하게 사는데 나만 버림받은 것처럼 느껴진 적이 있습니까?

주님의 몸 된 빛나교회의 지난 역사에는 참으로 많은 일이 있었습니다. 교회가 여러 일로 가장 힘들었을 때는 주변에서 이런 말들이 들렸습니다. 저 교회에 가면 사람이 죽고 부도가 난다고 말입니다. 저 교회에는 아마도 하나님의 뜻이 없다고 말입니다. 아마도 목사가 되지 말았어야 할 사람이 목사가 되었나 보다고 말입니다. 마치 하나님에게마저 버려진 듯한 암흑의 시간이었습니다.

그런데 많은 날이 지나 오늘의 빛나교회를 보면 암흑의 시간은 암흑만이 아니었습니다. 하나님에게 버려졌다고 생각했던 시간은 버려진 것이 아니었습니다. 지나고 보니 그 아픔의 시간은 하나님의 기대였고 미래적 축복이 담긴 시간이었습니다. 그 우선의 열매들 가운데 빛나교회가 창립 28주년을 맞았으니 감동입니다.

빛나교회만이 아닙니다. 많은 어려움 가운데 그 고난의 시간을 이겨 내고 축복으로 간증하는 분이 많습니다. 물론 여전히 고난 가운데 있는 분들도 있습니다. 그러나 바람 없이 피는 꽃이 없듯이, 고난 없이 삶을 살아 내는 사람은 없다는 것을 기억하십시오.

복음성가 가수 김석균 씨가 이 원리를 깨닫고 부른 노래가 있습니다. 제목이 "왜 나만 겪는 고난이냐고"입니다.

왜 나만 겪는 고난이냐고 불평하지 마세요

고난의 뒤편에 있는 주님이 주실 축복

미리 보면서 감사하세요

왜 이런 슬픔 찾아왔는지 원망하지 마세요

당신은 잃은 것보다 주님께 받은 은혜

더욱 많음에 감사하세요

너무 견디기 힘든 지금 이 순간에도

주님이 일하고 계시잖아요

남들은 지쳐 앉아 있을지라도

당신만은 일어서세요

힘을 내세요 힘을 내세요

주님이 손잡고 계시잖아요

주님이 나와 함께함을 믿는다면

어떤 역경도 이길 수 있잖아요
어떤 고난도 견딜 수 있잖아요

분명한 믿음이 있다고 고난이 힘들지 않겠습니까? 십자가 후의 부활의 영광을 아셨지만, 예수님에게도 십자가는 고통이었습니다. 이 고통을 이미 아셨기에 주님은 겟세마네 기도 동산에서 "아빠 아버지여 아버지께는 모든 것이 가능하오니 이 잔을 내게서 옮기시옵소서"(막 14:36) 하고 기도하셨던 것입니다. 아무리 믿음이 좋아도, 하나님의 섭리를 믿는다 해도 고통은 고통이고 아픔은 아픔입니다. 아프면 아파하고 힘들면 힘들어하는 것이 연약한 인간의 당연한 반응입니다.

중요한 것은 그 아픔이나 고난 가운데서 십자가를 바라보는 것입니다. 십자가야말로 우리 구원 받은 그리스도인들에게 최고의 위로와 능력이기 때문입니다. 십자가의 은혜가 우리의 삶에 단순한 위로가 아니라 능력이 되길 축복합니다.

누구를 위한 외침인가

가상사언의 말씀이 담긴 성경 구절을 다시 한번 자세히 보겠습니다.

> 제구시쯤에 예수께서 크게 소리 질러 이르시되 엘리 엘리 라마 사박다니 하시니 이는 곧 나의 하나님, 나의 하나님, 어찌하여 나를 버리셨나이까 하는 뜻이라 마 27:46

예수님은 십자가에서 세 시간 달리신 가운데 온몸의 물과 피를 쏟아 내는 최악의 고통 중에 계십니다. 그때 온힘을 쥐어짜 내 외치신 소리가 가상사언입니다. 읊조리는 작은 소리가 아닙니다. 큰 소리의 외침입니다.

이것이 과연 육신적 고통의 호소겠습니까? 육신의 고통을 감당하기 힘들어 부르짖는 것이겠습니까? 아니면 성부 하나님을 향해 왜 이렇게까지 하시느냐고 원망 섞어 질문하는 것이겠습니까? 왜 예수님은 최악의 고통 가운데서 큰 소리로 이렇게 말씀하셨을까요?

놀랍게도 이 외침은 하나님을 향한 외침이 아닙니다.

물론 표면적으로는 하나님을 향한 고통의 호소라고 생각할 수 있겠지만, 그렇지 않습니다. 큰 소리로 외쳐진 이 가상사언은 십자가 아래에 있는 구원 받을 백성들을 향한 외침입니다. 십자가 아래 있는 자기 백성들, 앞으로 십자가의 은혜를 입어야 할 많은 하나님의 사람들을 향한 메시지였던 것입니다.

예수님은 지금 자신이 어떤 잘못에 의해 하나님에게 버림받는 것이 아니라고, 하나님의 백성을 구원하시려고 기꺼이 버림받는 길을 택하셨다고 외치고 계십니다. 그리고 이 복음이, 십자가의 은혜가 지금 저 아래 모인 사람들을 통해 온 세상에 전파되길 원하고 계십니다. 마태복음과 마가복음이 이러한 주님의 외침을 기록한 것은 마태교회와 마가교회 사람들에게 주님의 구원 메시지를 열방에 널리 전파할 것을 촉구하고 있는 것입니다.

마태복음에 보면 예수님이 가상사언의 말씀을 다시 크게 소리 지르시고는 숨을 거두셨다고 기록합니다.

예수께서 다시 크게 소리 지르시고 영혼이 떠나시니라

마 27:50

십자가상에서 극심한 고통 중에 두 번이나 크게 소리 지른다는 것은 보통 사람으로서는 할 수 없는 일입니다. 보통 사람들은 죽기 전에 그렇게 고함을 칠 기운이 없을 것입니다.

가상사언의 말씀을 다시 한번 봅시다. 혹시 이렇게 들리지는 않습니까?

"나의 하나님, 나의 하나님. 속히 나를 버리시옵소서!"

지금 십자가의 예수님은 개인이 아니라 사람들의 구속을 위한 제물로서 달려 계십니다. 세례 요한이 보았던 대로, 어린 양으로 오신 예수님이 온 인류의 죄를 짊어지고 십자가에 달리셨습니다. 예수님이 십자가에서 제물로 죽으셔야 구원 사역이 완성되는 것입니다. 어쩌면 성부 하나님이 성자 예수님을 놓지 못하고 계심을, 함께 아파하고 계심을 아셨던 것 같습니다. 성부 하나님은 결코 십자가를 즐기고 계신 것이 아님을 아셔야 합니다.

구원을 위한 십자가의 죽음은 원칙입니다. 그 원칙 안에서 독생자 아들을 십자가에 달리게 하셨지만 쉽게 놓으실 수 있었겠습니까? 성부 하나님의 마음을 아시는 성자 예수님이 고통 가운데서 외치십니다. 속히 나를 버리시라고, 그래야 우리의 목적을 이룰 수 있다고 말입니다.

아사셀 양이 되어 죽으신 예수님

예수님이 제물이 되셔서 십자가에서 피 흘려 죽으셔야 함을 구약에서는 반복하여 예표로 나타내고 있습니다. 그 예표를 이해하기 위해서 우리는 두 단어를 주목해야 합니다. 레위기에 나오는 '대속죄일'과 '아사셀 양', 또는 '아사셀 염소'입니다.

먼저 대속죄일에 대해 살펴보겠습니다. 구약에서는 하나님이 이스라엘 백성들을 위해서 대속죄일을 두셨습니다. 대속죄일은 해마다 한차례 열리는 정결 행사로서 7월 10일에 행했습니다. 대제사장은 어린 양의 피를 가지고 지성소에 들어가서 속죄소 위에 피를 뿌립니다. 이를 통해 이스라엘 백성들은 죄를 용서받았습니다. 이날은 하나님의 진노를 피하는 날이고, 하나님의 보호를 받는 날이며, 민족이 죄에서 해방되는 날입니다.

대속죄일에 또 하나의 의식이 치러집니다. 두 마리 희생 염소를 선택해 제물로 드리는 일입니다. 대제사장은 여러 마리의 염소 가운데 서로 비슷한 숫염소 두 마리를 택한 후에, 하나는 '여호와를 위하여', 다른 하나는 '아사셀을 위하여'라 적습니다. 여호와를 위한 염소는 잡아서 제물로 바칩니다. 지성소에 피를 뿌리는 것입니다. 그리고 아사셀을 위한 염소에게는 다른 역할이 주어집니다.

'아사셀'이라는 말에는 '보내다, 없이하다'라는 뜻이 있습니다. 즉 아사셀 염소는 '죄를 없이하려고 광야로 보내는 염소'입니다. 먼저 아사셀 염소 위에 대제사장이 두 손을 얹고 안수합니다. 보통의 안수는 한 손을 얹지만, 이때는 두 손을 얹습니다. 이는 이스라엘의 모든 죄를 이 염소에게 전가한다는 의미가 있습니다.

그러고 난 후에 미리 정한 사람이 이 아사셀 염소를 끌고 광야 입구까지 가서 놓아줍니다. 이때 다시는 사람이 사는 곳으로 돌아오지 못하게 하기 위해 회초리로 쳐서 염소를 광야로 내몹니다. 광야 입구는 사막이 시작되는 곳인데, 여기까지 끌고 가서 놓아주는 이유는 다시 돌아오지 못하게 하기 위함입니다. 염소 입장에서는 버림받는 것입니다. 광야로 쫓겨난, 버림받은 염소는 밤길을 헤매다가 구덩이에 빠지거나, 낭떠러지에서 떨어지거나,

다른 짐승에게 잡아먹혀 죽습니다. 때로는 먹을 것이 없어서 소리를 지르며 물을 찾고 풀을 찾다가 쓰러져 죽기도 합니다.

이스라엘 백성들은 왜 이런 의식을 치를까요? 이스라엘의 죄를 전가받은 아사셀 염소의 죽음으로 그 죄가 사해졌다는 의미를 부여하는 것입니다. 그러므로 대속죄일은 아사셀 염소에게는 안된 일이지만, 이스라엘 사람들에게는 기쁨의 날이고, 하나님의 진노를 피하는 날, 하나님의 보호를 받는 날, 죄에서 해방되는 아주 특별한 날입니다.

이것이 바로 십자가의 은혜입니다. 아사셀 염소가 죄를 뒤집어쓴 것처럼, 예수님도 우리의 죄를 대신 짊어지셨습니다. 아사셀 염소처럼, 예수님도 버림받고 찢기고 상하셨습니다. 죄 없으신 예수님이 십자가에서 우리의 죄를 대신 짊어지시고, 모진 고통과 수모를 다 당하고 죽으신 것입니다.

하나님께 버림받은, 아니 스스로 버려지고 십자가에서 죽으신 예수님. 자기 백성을 그들의 죄에서 구원할 자, 그 이름 예수로 오신 분. 큰 소리로 울린 가상사언의 말씀은 저와 여러분을 향한 외침입니다. 그 외침 가운데서 우리가 놓치지 말고 들어야 할 메시지, 발견해야 할 사실이 있습니다.

첫째, 우리를 향하신 하나님의 사랑을 발견해야 합니다.

> 유월절 전에 예수께서 자기가 세상을 떠나 아버지께로 돌아가실 때가 이른 줄 아시고 세상에 있는 자기 사람들을 사랑하시되 끝까지 사랑하시니라 요 13:1

우리를 사랑하되 끝까지 사랑하신 그 마음으로 외친 말씀이 가상사언입니다. 그 외침 가운데서 우리는 하나님의 놀라운 사랑을 발견해야 합니다.

둘째, 우리의 구원이 완성되었다는 사실을 발견해야 합니다. 우리를 향해 예수님이 가상사언을 외치시는 순간 우리의 구원이 이루어졌습니다. 우리 죄가 예수님에게 지워졌고, 하나님의 심판이 그의 어깨 위로 떨어졌습니다. 예수님은 우리의 죄를 담당하실 뿐 아니라 죄로 인한 고통의 형벌까지 받으셨습니다. 이제 우리는 예수님이 우리를 위해 감당하신 십자가 공로만 믿고 나아가 구원을 얻게 되었습니다.

셋째, 하나님의 공의를 발견해야 합니다. 십자가에서 하나님의 사랑만 보아서는 안 됩니다. 하나님이 죄를 얼마나 싫어하시는지 깨달아야 합니다. 하나님은 죄를 그대로 두고 보실 수가 없으셨습니다. 죄를 얼마나 미워하시면 독생자를 십자가에 못 박아 죽이기까지 하셨겠습니까? 하나님은 사랑의 하나님이지만, 동시에 공의의 하나님, 심판의 하나님이십니다. 우리를 이렇게까지 사랑하셔서 구원의 길을 열어 주셨지만, 믿고 받아들이지 않는 사람에게는 무서운 공의의 심판이 임하게 될 것입니다. 그 사실을 바로 보아야 합니다.

이 가상사언의 말씀은 구원의 은혜를 입은 믿음의 사람에게는 대속의 외침이지만, 은혜를 입지 못한 사람, 십자가 은혜를 믿지 않는 사람에게는 지옥으로 가게 되는 심판의 말씀입니다. 이 가상사언의 말씀을 통해 버림받은 자신을 확인하게 될 것입니다. 부자와 나사로의 비유에 등장하는 부자처럼, 지옥의 고통 중에 부르짖게 될 것입니다. 그래서 가상사언은 예수님의 독백이 아니라 이 땅을 향하신 외침입니다. 십자가의 복음이 온 세상에 전파되어 더 많은 사람이 구원받기를 원하시는 주님의 마음이고 가상사언의 요구입니다.

예수님은 십자가에서 말씀하십니다. "너는 들으라! 그리고 전하라!" 구원받은 그리스도인들이 취해야 할 가장 큰 경건은 복음을 전하는 일입니다. 구원받을 기회는 아무 때나 오는 것이 아닙니다. 우리는 때를 얻든지 못 얻든지 힘써서 구원받지 못한 영혼들을 구원하도록 전도해야 합니다. 우리 모든 그리스도인은 인류를 구원하기 위하여 스스로 아버지 하나님에게 버림받으신 주님의 이 아름다운 사역을 널리 전해야 합니다. 십자가의 은혜를 앞서 입은 자에게 그 은혜를 전하는 일은 축복이고 숙명입니다.

5장

해갈
주님이 생명수다

요 19:28-30

"내가 목마르다." 요 19:28

예수님이 여섯 시간 동안 십자가에 높이 달리셔서 물과 피를 모두 쏟으시는 가운데 "내가 목마르다" 하셨습니다. 이것은 '십자가에서의 목마름, 십자가에서의 갈증'입니다. 십자가에서의 목마름은 무엇을 말하는 것이겠습니까?

영적 갈증을 해소할 구원의 생수

많은 사람이 십자가에서의 목마름을 예수님의 육신적 목마름으로 이해합니다. 그러나 그렇지 않습니다. 마치 예수님의 배고픔이 육신적 배고픔이 아니었듯이 말입니다.

요한복음 4장에는 예수님이 제자들과 함께 사마리아에 방문하신 이야기가 나옵니다. 사마리아에 도착하신 예수님은 제자들에게 동네에 가서 먹을 것을 구해 오라 하십니다. 그사이에 예수님은 사마리아 여인을 만나십니다. 남편 다섯을 만나 살았지만, 삶의 목마름으로 지친 여인이었습니다. 이 사마리아 여인을 윤리적으로 문제가 있는 사람으로 보아서는 안 됩니다. 당시 시대적 배경에 의하면 여자는 남자에게 이혼을 청구할 권리가 없었습니다. 그렇다면 이 여인은 다섯 남자에게 버림을 당한 것입니다. 문제는 지금 있는 여섯 번째 남편도 정상적 남편이 아니었으니 언제든지 버림을 당하게 되어 있었습니다.

사마리아 여인은 그 어떤 남편들에게서도 삶의 목마름, 갈증을 해소할 수 없었습니다. 예수님은 목마른 인생의 상징이라 할 수 있는 이 사마리아 여인을 만나 주시면서 영원히 목마르지 않게 할 생수가 되어 주셨습니다. 삶에 지친 여인에게 구원을, 영생을 허락하신 것입니다. 그리고 놀랍게도 생수의 근원 되시는 예수님을 만난 후 여인은 전도자가 되어 마을로 달려갔습니다.

이때 마을에서 먹을 것을 구해 온 제자들이 돌아왔습니다. 예수님에게 음식을 내밀어 잡수실 것을 청하였습니다. 제자들에게 예수님이 뭐라고 말씀하십니까?

이르시되 내게는 너희가 알지 못하는 먹을 양식이 있
느니라 요 4:32

제자들은 놀라 누가 잡수실 것을 갖다 드렸나 했지만,
예수님이 말씀하신 양식은 육신적 양식이 아니라 영적인
양식이었습니다.

예수께서 이르시되 나의 양식은 나를 보내신 이의
뜻을 행하며 그의 일을 온전히 이루는 이것이니라
요 4:34

예수님을 배부르게 했던 양식은 바로 앞서 구원받은
사람이 전도자가 되는 것이었습니다. 자신이 만난 예수
님을 또 다른 사람에게 전하는 것, 이것이 예수님의 양식
이고 만족이었던 것입니다.

이렇게 예수님의 배고픔이 영적 배고픔이었듯이, 가
상오언의 "내가 목마르다" 또한 육신적 목마름이 아니라
영적 목마름, 영적 갈증이라는 것입니다. 그렇다면 예수
님의 영적 갈증은 무엇이겠습니까? 가상오언이 등장하는

구절에서 해답을 보겠습니다.

> 그 후에 예수께서 모든 일이 이미 이루어진 줄 아시
> 고 성경을 응하게 하려 하사 이르시되 내가 목마르다
> 하시니 요 19:28

예수님이 목마르다 하신 이유가 무엇입니까? "성경을
응하게 하려 하사", 즉 성경의 요구를 만족시키고자 목마
르다 외치셨다는 것입니다. 성경의 요구란 무엇입니까?

> 너희가 성경에서 영생을 얻는 줄 생각하고 성경을 연
> 구하거니와 이 성경이 곧 내게 대하여 증언하는 것이
> 니라 그러나 너희가 영생을 얻기 위하여 내게 오기를
> 원하지 아니하는도다 요 5:39-40

예수님을 믿지 않는 자들을 향한 예수님의 안타까움
입니다. 성경에 기록되지 않은 표적들, 행하신 일들이 얼
마나 많겠습니까?

예수께서 행하신 일이 이 외에도 많으니 만일 낱낱이 기록된다면 이 세상이라도 이 기록된 책을 두기에 부족할 줄 아노라 요 21:25

예수님이 행하신 일을 낱낱이 기록한다면 이 땅에는 그 책을 둘 곳이 부족할 것이라고 합니다. 이 말씀은 과장이 아닙니다. 실제로 많은 예수님의 말씀 가운데 66권을 주신 것이 지금의 성경입니다.

예수께서 제자들 앞에서 이 책에 기록되지 아니한 다른 표적도 많이 행하셨으나 오직 이것을 기록함은 너희로 예수께서 하나님의 아들 그리스도이심을 믿게 하려 함이요 또 너희로 믿고 그 이름을 힘입어 생명을 얻게 하려 함이니라 요 20:30-31

그리고 성경의 요구는 바로 이 땅을 살아가는 모든 사람에게 예수를 믿게 하는 것이요, 또 예수를 믿어 생명, 곧 영생을 얻게 하려 함입니다.

십자가에서 목마름을 외치신 예수님은 실제로 생수의

근원이십니다. 요한복음 4장의 사마리아 여인의 이야기를 좀 더 하겠습니다. 남편 다섯에게 버림을 받아 삶에 지쳐 버린 여인이 한낮에 물을 구하기 위해 우물가에 왔습니다.

> 사마리아 여자 한 사람이 물을 길으러 왔으매 예수께
> 서 물을 좀 달라 하시니 요 4:7

이미 이 여인을 잘 아시는 예수님은 의도적으로 여인에게 "물을 좀 달라" 하셨습니다. 육신적 목마름 때문에 물을 구하시는 것이 아니었습니다. 생수의 근원이신 예수님이 그녀에게 구주가 되어 주시기 위해 물을 구하는 것이었습니다.

그러나 이런 예수님의 마음을 모르는 여인은 자신은 사마리아 사람이라면서 거절합니다. 당시 유대인은 사마리아인을 상종하지 않았기에 이렇게 말한 것입니다. 여인의 거절 앞에 예수님이 자신을 열어 보이며 말씀하십니다.

예수께서 대답하여 이르시되 네가 만일 하나님의 선
물과 또 네게 물 좀 달라 하는 이가 누구인 줄 알았더
라면 네가 그에게 구하였을 것이요 그가 생수를 네게
주었으리라 요 4:10

그러면서 예수님은 계속해서 여인에게 말씀하십니다.

예수께서 대답하여 이르시되 이 물을 마시는 자마다
다시 목마르려니와 내가 주는 물을 마시는 자는 영원
히 목마르지 아니하리니 내가 주는 물은 그 속에서 영
생하도록 솟아나는 샘물이 되리라 요 4:13-14

이렇게 생수의 근원 되시는 예수님이 여인에게 먼저
물을 구하신 것입니다. 여인의 목마름을 채워 주시기 위
함이었습니다. 성경에서 예수님이 누군가에게 무엇인가
를 요구하실 때는 부족해서가 아니었습니다. 오병이어
사건에서 빌립에게 먹을 것을 내놓으라고 요구하실 때
도 주님은 부족해서 달라신 게 아니었습니다. 다시 주시
기 위함이셨습니다. 주님의 요구 앞에 순종하는 저들에

게 영적 축복을 안겨 주시기 위함입니다.

가상칠언의 모든 말씀이 그렇듯, 가상오언의 말씀 또한 하나님을 향한 호소가 아닙니다. 이것은 십자가 아래에 있는 사람들을 향한 외침입니다. 마치 사마리아 여인에게 물을 구하셨던 것처럼, 생수의 근원이신 예수님이 십자가 아래에 있는 사람들의 영적 갈증을 채워 주고자 갈증을 호소하시는 것입니다. 내가 생수의 근원이니 나를 믿으라고, 십자가에서 흘러내리는 구원의 생수를 믿고 마시라고 외치시는 것입니다. 그리고 이 생수를 삶의 갈증에 지친 사람들에게 전하라 명하시는 것입니다.

생수의 근원 되시는 예수님을 만났습니까? 생수의 근원 되시는 예수님을 믿고 구원을 받았습니까? 예수님을 만났다면, 구원받았다면, 삶의 갈증에 지쳐 있는 사람들에게 예수님을 전하고 있습니까? 예수님을 만난 사마리아 여인이 갈증을 해소한 후에 마을 사람들에게 달려가 전도한 것이, 그것으로 예수님이 배부르다 하신 것이 무슨 이야기인지 정리가 되십니까?

우리가 물 없이는 단 며칠도 살 수 없듯, 이 땅을 살아가는 모든 사람에게 예수님은 절대 필요입니다.

나는 무엇으로 목마른가

이 땅을 살아가는 모든 사람은 그것이 영적이든 육적
이든 목마름에 지친 채 살아가고 있습니다. 그 목마름을
채우기 위해 모든 것을 쏟으며 살아갑니다. 그러면 영적
목마름은 무엇이고, 또 육적 목마름은 무엇인지 생각해
봅시다.

사람이라면 누구나 사회적으로 성공하고 출세하기를
꿈꿉니다. 때로는 내가 만족할 만한 부와 명예를 얻기를
원합니다. 이것이 채워지지 않을 때 우리는 갈증이 납니
다. 육신을 입고 살아가는 사람이라면 누구나 이와 같은
목마름을 느낍니다. 기본적 욕구라 할 수 있습니다. 이것
을 해결하기 위해 우리는 돈과 시간과 열정을 들입니다.
때로는 자존심도 내던집니다. 남보다 더 높아지고 더 앞
서가는 것으로 육신적 목마름을 채우고자 합니다.

문제는 세상의 그 어떤 것으로도 인간의 육신적 목마
름을 해소할 수 없다는 것입니다. 더 많이 소유하는 것으
로, 더 많이 이루는 것으로, 더 많이 즐기는 것으로 행복
할 수 있다고 생각합니까? 그런 것으로 행복한 사람을 본

적이 있습니까? 세상의 그 어떤 것도 인간에게 진정한 만족을 주지 못합니다. 세상은 바닷물과 같기 때문입니다. 바닷물은 물이지만 마시면 마실수록 더 심한 갈증에 시달리게 됩니다. 마치 사마리아 여인을 버린 남자들처럼, 갈증을 해소해 주고 만족감을 줄 것 같지만 진정한 신랑이 없는 것입니다.

그렇다면 영적 목마름은 어떨까요? 이 땅을 살아가는 모든 사람의 목마름은 기본적으로 영적 목마름입니다. 태초에 이미 영적 존재로 창조되었기 때문입니다. 영이신 하나님이 영적 존재로 창조하여 그 삶에, 그 영에 하나님을 담고 살아가게 하신 것입니다. 그래서 요한도 "네 영혼이 잘됨 같이 네가 범사에 잘되고 강건하기를"(요삼 2절) 간구한다고 한 것입니다.

우리는 먼저 영적으로 채워져야 합니다 아무리 많은 것을 소유했어도 영적으로 채워지지 않으면 절대로 행복할 수 없습니다. 교회에서 신앙생활을 하는데 왜 엉뚱한 것에 감정을 쏟고 씨름할까요? 영적 목마름이 채워지지 않아서 그렇습니다. 네 자리 내 자리를 운운하며 욕심내면서 다투는 것도 영적인 것을 모르거나 생각조차 못 하기 때문입니다.

아무리 먹고 마시고 즐기고 소유해 보십시오. 갈수록 '이게 아닌데' 하고 고개를 갸웃거리게 될 것입니다. 가난할 때는 '부자가 되면 행복하겠다' 싶지만, 정작 부자가 되어도 만족은 없습니다. 영적 생명, 영적으로 거듭난 사람, 새 생명을 소유한 사람은 이 알 수 없는 갈증이 영적 목마름이라는 사실을 압니다. 은혜를 받아야, 기도를 해야, 성령으로 충만해야 이 갈증이 해소되고 이 땅에서 제대로 살 수 있다는 것도 압니다.

사람으로 살아가면서 무엇이 영적 목마름인지 알고 느끼며 살아간다는 것은 축복 중에 축복입니다. 그것은 곧 자신이 영적으로 거듭난 사람임이 증명되는 것이기 때문입니다. 영적으로 거듭난 사람은 '나는 누구인가' '나는 누구여야 하는가' '나는 무엇으로 사는 사람이어야 하는가'를 고민합니다. 예수님을 믿어 영적 생명을 소유한 사람들은 아무리 육신적으로 잘나간다 해도 거기에 진정한 행복이 없다는 것을 알고 있습니다.

내 마음에서 들려오는 영적 목마름의 호소를 외면하고 있지는 않습니까? 성령님의 탄식을 외면하고도 아무

것도 느껴지지 않는다면 불행입니다. 죽어 있든지 병들어 있든지 둘 중 하나기 때문입니다. 구원의 은혜를 입은 것이 아닐 수 있기 때문입니다. 구원의 은혜를 입은 사람들은 영적 목마름이 있어야 합니다. 그 영적 목마름이 해갈되는 순간, 우리는 최고의 행복을 누릴 수 있습니다.

영적 목마름을 외면하면 우리 안에 계신 예수님은 절대 가만히 있으실 것입니다. 우리가 예수님을 영접한 그 순간부터는 내가 사는 것이 아니기 때문입니다. 혹시 영적으로 텅 빈 것을 느끼십니까? 영적으로 무뎌질 대로 무뎌진 가운데 살아가고 있지는 않습니까? 누군가의 말 한마디 때문에 흔들리는 것은 영적으로 가벼워진 것입니다. '누구 때문에' '무엇 때문에' 하지 말고 십자가 앞에 엎드려 십자가에서 쏟아지는 은혜를 구하십시오.

이 땅을 살아가는 모든 사람은 사마리아 여인과 같은 결국을 맞게 될 것입니다. 예수님이 주시는 생수를 받아 마시지 않는다면 우리에게 영원한 것은 없습니다. 내 삶에 예수님 외에 영원한 것은 아무것도 없습니다. 지금 함께 있는 모든 것에 언제인가 버림을 당하게 될 것입니다. 다 멀어지게 될 것입니다. 건강도, 정신도, 자식, 배우자,

돈, 마침내 나도 나에게서 멀어지게 될 것입니다. 예수를 믿는다면 그 예수 안에서 삶을 살아 내야 합니다. 그리고 더 많은 사람에게 생수의 근원 되시는 예수님을 전해야 합니다. 그것이 예수님의 목마름이고, 그 목마름을 해갈해 드리는 길입니다.

주님이 느끼셨던 사명의 목마름으로

예수님의 십자가의 목마름은 영적 목마름이라 했습니다. 내게는 어떤 목마름이 있습니까? 여전히 그 목마름이 세상에 있습니까? 아직도 출세의 한풀이에 삶의 목적을 두고 오늘의 삶을 엮어 가고 있습니까? 지금 내 안에서 성령의 탄식 가운데 목마름의 호소가 들리지 않습니까? 십자가 위에서 들려오는 목마름의 호소가 나를 향한 호소로 들리지는 않습니까?

예수님의 목마름을 다시 한번 생각해 봅시다. 그분의 목마름은 어떤 목마름이었을까요? 우리에게 남겨놓은 사명의 목마름, 하나님의 뜻에 대한 목마름이 아니었을까요? 그렇다면 우리가 예수님의 갈증을 해소해 드려야 하지 않겠습니까? 전도로, 용서로, 사랑으로, 헌신으로 예수님의 목마름을 해소해 드리면서, 예수님을 감동시키는 성도로 살아갈 수 있다면 최고로 축복받은 일생이라 할 수 있을 것입니다.

가상칠언의 말씀들은 개인적 고통의 호소가 아닙니다. 어린 양으로서 재물이 되어 계신 것이니 대속자이자 구원자로서의 호소입니다. 그리고 그것은 구원받은 백성인 우리 그리스도인들의 호소가 되어야 합니다. 그러니 우리에게도 예수님이 십자가에서 느끼신 그 목마름이 있어야 합니다. 그것이 바로 가상오언의 요구입니다.

먼저는 영적 목마름이요, 마침내는 구원받아야 할 영혼을 향한 사명의 목마름이어야 합니다. 영혼 구원의 사명을 감당하며 십자가의 영적 삶을 살아 내는 것이 바로 주님의 목마름을, 주님의 갈증을 해소해 드리는 것입니다. 우리 삶에 주님이 원하시는 목마름을 담았다면 그것만으로도 우리는 충분히 복된 삶입니다. 우리에게 이런 고백이 항상 있기를 바랍니다.

"주님, 나는 구원 받은 사람입니다! 주님, 내 영혼을 충만하게 하소서!"

3부

죽음 뒤의 약속

6장

승리
죄에서 자유하라

요 19:28-30

가상육언 架上六言

"다 이루었다." 요 19:30

어두운 하늘 아래, 십자가가 섰습니다. 벌써 여섯 시간째, 예수님은 인간이 당할 수 있는 가장 처절한 모습으로 그 위에서 죽어 가고 계십니다. 예수님의 모습이 어떠합니까? 머리에 가시관을 쓰셨고, 양손과 양발에 못이 박혔습니다. 무지한 군병의 창에 옆구리를 찔리셔서 물과 피를 다 쏟아 내셨습니다. 옷은 찢겨 군병들이 제비 뽑아 나누어 가졌고, 예수님은 완전히 벗겨진 채로 죽음과 싸우고 계십니다.

몸도, 마음도, 영혼도 갈기갈기 찢겨 있는 상태입니다. 사탄과 그의 일당들은 이제 모든 것이 끝났다 싶어 미소 짓고 있었을 것입니다. 사람들은 예수님의 무덤까지 준비해 두고 법적인 사망선고만을 기다리고 있습니다. 이 때, 십자가에 달리신 예수님의 말씀, 가상칠언이 천둥소리처럼 선포됩니다. 물론 모든 물과 피를 쏟으시는 가운데 힘없이 주신 말씀일 것입니다. 그러나 우리는 이 말씀을 믿음으로 들으니 천둥소리처럼 들렸다고 하는 것입니다.

> 예수께서 신 포도주를 받으신 후에 이르시되 다 이
> 루었다 하시고 머리를 숙이니 영혼이 떠나가시니라
> 요 19:30

"다 이루었다." 십자가 위에서 죽어 가고 계신 가운데
서 선포하신 말씀입니다. 예수님을 십자가에 못 박은 원
수들이 승리의 미소를 지으며 바라보고 있는 가운데의
외침입니다. 이것은 십자가에서의 완성이요, 승리의 선
포입니다.

아직 이루어지지 않은 것처럼 보여도

세상의 어느 누가 "다 이루었다" 하며 한 생애를 마무
리할 수 있을까요? 이 가상칠언의 말씀은 인류 역사상 그
누구도 못 했던, 할 수 없었던 선포입니다. 할 수 없을 뿐
아니라 해서도 안 되고, 한다 해도 소용이 없는 말입니다.
지구상에 셀 수 없이 많은 사람이 왔다 가지만, "나는 다

이루었다"라고 승리의 개가를 부른 사람은 없습니다. 대부분의 사람은 후회와 아쉬움을 고하면서 이슬처럼 사라질 뿐입니다.

이 말씀은 완전자 되시는 주님만이 하실 수 있는 선포였고, 인류의 구세주로서 사람의 몸을 입고 오신 예수님만이 하실 수 있는 말씀이었습니다. 십자가의 죽음을 통하여 우리의 죄를 사해 주시고, 부활을 통하여 우리에게 영원한 생명을 주신 우리 주 예수 그리스도만이 하실 수 있는 승리의 선포입니다.

그런데 참 아이러니합니다. 이 가상육언은 승리자의 모습이 아니라, 십자가의 처절함 가운데서 선포되었습니다. 그래서 더욱 믿음이 아니면, 세상의 이치대로라면 이해할 수도, 받을 수도 없는 말씀입니다. 오직 믿음으로만 품을 수 있는 진리의 말씀입니다.

그렇다면 예수님은 이 가상육언을 통해 무엇을 말씀하고자 하신 걸까요? 바로 인류 구원을 위한 구속 사역의 완성입니다. 하나님이 사람의 옷을 입고 오셔야 했던 목적, 구원 섭리가 완성되었다는 선포입니다. 그런데 사실 이 말씀은 아직 시기상조가 아닌가 싶기도 합니다. 아직 예수님의 모든 구속 사역이 완성된 것이 아니었기 때문입니다. 시간적으로 보면 아직 죽지 않으셨고, 무덤에 장사되지도 않으셨고, 부활과 승천하실 일도 남아 있습니다. 그럼에도 "다 이루었다"고 하신 이유가 무엇일까요? 우리가 이 말씀을 오직 믿음으로 받아야 하는 이유가 바로 여기에 있습니다.

이 말씀은 예수님이 시간과 공간을 초월하신 분으로서 하신 완성의 선포입니다. 시간과 공간 안에서 살아가는 사람들에게는 상식이 아니라 오직 믿음으로만 받을수 있는 진리입니다. 그래서 믿음이 있는 사람과 그렇지 않은 사람의 십자가에 대한 시각이 달라집니다. 그리고 그 시각은 오늘의 문제가 아니라 영원을 결정짓는 기준이 됩니다.

십자가의 도가 멸망하는 자들에게는 미련한 것이요 구원을 받는 우리에게는 하나님의 능력이라 고전 1:18

예수님의 십자가를 미련한 것이 아니요 하나님의 능력으로 보고 있습니까? 십자가의 도, 십자가에 담긴 엄청난 진리가 믿어지는 것이야말로 특권이요, 축복이 아니겠습니까? 또 시간적으로 아직 죽으심과 장사되심, 부활, 승천이 남아 있음에도 "다 이루었다" 하신 말씀이 자연스럽게 믿어지는 것이야말로 축복 중의 축복 아니겠습니까? 구원은 오직 하나님께 있습니다. 구원은 오직 예수님의 십자가와 부활에 있습니다.

십자가에서의 완성

예수님의 가상육언은 마침내 부활, 승천하심으로 완성되었습니다. 그러나 시간상으로 여전히 남아 있는 사역이 있으니, 예수님의 재림입니다. 예수님의 구속 사역에 있어 재림 사건이 벌어져야 완전한 완성이라 할 수 있습니다. 따라서 그리스도인인 우리는 예수님의 재림을 기다리는 사람들이어야 합니다.

이것들을 증언하신 이가 이르시되 내가 진실로 속히 오리라 하시거늘 아멘 주 예수여 오시옵소서 계 22:20

믿음이 없는 사람에게는 재림신앙 또한 어리석음일 뿐입니다. 십자가가 그러했듯 말입니다. 그러나 복음적 그리스도인들은 예수님의 재림을 기다리며 종말의 시대를 살아갑니다.

그런데 놀라운 사실이 있습니다. 이 가상육언의 말씀 안에는 예수님의 재림 사역도 담겨 있다는 것입니다. 다시 말해 재림 사역도 "다 이루었다"의 항목에 들어간다는 것입니다. 무슨 말도 안 되는 소리를 하는가 싶습니까? 예수님의 재림은 아직 완성되지 않은 것처럼 보입니다. 그러나 십자가 위에서 "다 이루었다" 하셨을 때, 죽으심과 장사되심, 부활하심과 승천하심이 남아 있었던 것처럼, 재림도 그렇습니다. 이 모든 구원 사역에 대해 예수님은 십자가 위에서 "다 이루었다" 하셨습니다. 완전한 완성을 선포하셨습니다.

시간과 공간을 초월하고 계신 예수님의 말씀을 믿음으로 받아야 한다고 했습니다. 그것이 십자가의 진리입니다. 우리에게 필요한 것은 이해도 설명도 아니요, 오직 믿음입니다. 따라서 우리는 예수님의 재림을 이미 이루어진 것으로 받아야 합니다. 예수님의 재림은 우리 복음적 그리스도인들에게 실재가 되어야 합니다. 우리는 종말을 기다리는 사람일 뿐 아니라 종말을 살아가는 사람들입니다.

아직 이루어지지 않은 것을 완성된 것으로 믿는 믿음. 믿음의 조상이라 불리는 아브라함이 가졌던 믿음입니다. 시간적으로 아브라함은 예수님이 메시아로 오시기 2천 년 전의 사람입니다. 예수님의 구속 사역이 하나도 나타나지 않았지만 아브라함은 믿음으로 그 말씀을 받았습니다.

바리새인들과의 논쟁 중에 예수님이 주셨던 말씀이 있습니다.

너희 조상 아브라함은 나의 때 볼 것을 즐거워하다가 보고 기뻐하였느니라 유대인들이 이르되 네가 아직 오십 세도 못되었는데 아브라함을 보았느냐 예수께서 이르시되 진실로 진실로 너희에게 이르노니 아브라함이 나기 전부터 내가 있느니라 하시니 요 8:56-58

아브라함이 나기 전부터 내가 '있었느니라'가 아닙니

다. "내가 있느니라"입니다. 예수님은 과거에 계셨던 분도, 앞으로 계실 분도 아닙니다. 시간과 공간을 초월하여 계신, 영원하신 분입니다. 시간과 공간을 초월하신 예수님께서 주신 말씀을 시간과 공간 안에 살아가는 사람들이 믿음 외에 무엇으로 받을 수 있겠습니까?

56절에서 믿음의 조상 아브라함이 보고 기뻐했던 것들이 무엇이겠습니까? 십자가와 부활을 중심으로 한 예수님의 구속 사역입니다. 아브라함이 살던 시간 안에서는 아직 아무것도 이루어지지 않았지만 믿음 안에서 미래에 있을 구속 사역을 믿음으로 품은 것입니다. 앞으로 이루어질 것으로 믿었을 뿐 아니라 이미 이루어진 것으로 믿고 기뻐했습니다. 이것이 믿음의 조상 아브라함의 믿음이었습니다.

오늘을 살아가는 복음적 그리스도인들의 최고의 기쁨과 즐거움이 무엇이어야 합니까? 예수님의 재림과 함께 다가올 천국의 축복입니다. 시간 안에서 이미 완성된 예수님의 구속 사역을 믿음으로 받는 것처럼, 앞으로 이루어질 예수님의 재림과 천국의 축복도 믿음 안에서 이미 완성된 것으로 받는 것이 믿음입니다.

그래서 우리가 믿는 복음은 앞으로의 기대일 뿐 아니라 완성된 실재입니다. 이 모든 것이 시간과 공간 안에 사는 우리에게는 믿음으로 받아야 할 축복이지만 시간과 공간을 초월하신 예수님에게는 다 이루어진 구속 사역이 되는 것입니다. 이것이 곧 십자가의 완성이요, 구속 사역의 완성입니다. 말씀 그대로 어느 것 하나 모자람 없이, 남겨 둠 없이 다 이루어 내셨다는 것입니다. 인간의 영혼의 문제, 마음의 문제, 육신의 문제, 죄의 문제, 지옥의 문제 등 모든 문제를 다 해결하신 것입니다. 인간이 가지고 있는 본질적 문제를 다 해결하신 완전한 성취입니다. 죄도 흠도 없으신 예수님이 그 처절하고 참혹한 죽임을 당하심으로 우리의 죄와 사망의 문제를 해결하신 것입니다.

이 가상육언의 말씀에서 우리는 기독교 복음의 진수를 보게 됩니다. 기독교 복음은 우리가 무엇을 이루어 내는 것이 아닙니다. 인간의 어떤 행위를 통해서 예수님의 복음이 나의 복음이 되는 것이 아닙니다. 모든 것은 예수님이 이루셨습니다. 예수님이 완성하신 구원 사역을 우리가 믿음으로 받기만 하면 되는 것입니다.

우리가 교회를 다니는 이유가 무엇입니까? 천국을 가

기 위해서가 아니라 이미 천국 백성이 되었기 때문입니다. 우리가 회개하는 이유가 무엇입니까? 용서받기 위해서가 아니라 이미 용서받은 자로서 감사의 고백을 드리기 위해서입니다. 내가 구원을 이루어 받는 것이 아니라 주님이 이루신 구원을 믿음으로 받는 것입니다. 내가 용서를 이루어 내는 것이 아니라 주님이 이루신 용서를 믿음으로 받는 것입니다. 내가 무엇인가를 이루어 내야 하는 것이 아닙니다. 세상에 속한 사람들은 절대로 이해할 수 없으니, 오직 믿음으로 받을 수 있는 진리입니다.

내가 진실로 진실로 너희에게 이르노니 내 말을 듣고 또 나 보내신 이를 믿는 자는 영생을 얻었고 심판에 이르지 아니하나니 사망에서 생명으로 옮겼느니라

요 5:24

예수님을 믿는 자는 영생을 '얻을 것'이라고 하지 않았습니다. 이미 "얻었"답니다. 사망에서 생명으로 '옮길 것'이라고 하지 않았습니다. 이미 "옮겼"다고 합니다. 믿음 안에서 살아가는 사람들에게 이미 완성된 축복입니다.

예수님의 구속 사역의 가장 중심이 되는 사역이 바로 십자가와 부활입니다. 십자가의 죽으심으로 우리 죄를 완전히 해결하셨고, 부활하심으로 영원하고도 완전한 생명을 주셨습니다.

십자가에서의 선포

가상육언의 말씀은 십자가의 완성이면서 '십자가에서의 선포'입니다. 이 선포로 주님은 십자가에 달리셨지만 이미 승리자가 되셨습니다. 사탄은 예수님의 구속 사역을 방해하기 위해 십자가에 못 박았지만, 예수님은 사탄도 모르는 가운데 위대한 구속 역사를 이루고 계셨습니다.

사람들은 죽으면 모든 것이 끝나는 줄 압니다. 죽으면 다 끝난다고 믿었던 사람들이 예수님을 십자가에 못 박았습니다. 이것은 사탄의 생각과 같습니다. 사탄은 예수님만 죽이면 모든 것이 끝난다고 착각했습니다. 그러나 예수님은 사탄의 역사까지라도 합력하여 선을 만들어 내실 수 있는 분이셨습니다.

그렇다면 예수님의 승리의 선포는 무엇으로부터의 승리일까요?

첫째, 죄에 대한 승리입니다.

우리를 거스르고 불리하게 하는 법조문으로 쓴 증서
를 지우시고 제하여 버리사 십자가에 못 박으시고
골 2:14

"법조문으로 쓴 증서"는 통상적으로 빚이나 죄의 자백을 기록하는 자필 문서입니다. 내가 얼마만큼의 죄를 지고 빚을 졌는지에 대한 진술서입니다. 그런데 십자가를 통해 이 죄의 증서를 하나님이 완벽하게 처리하셨습니다. "지우시고 제하여 버리"셨다고 합니다. 죄의 내용을 십자가 보혈로 지우신 것입니다. 이로써 우리는 죄의 속박에서 벗어나게 됐습니다.

심지어 죄의 증서까지 십자가에 못 박아 버렸습니다. 한마디로 노예 문서가 파기된 것입니다. "너는 죄와 사망에서 자유다!"라고 선포하신 것입니다. 그러므로 더 이상 법조문은 효력을 발휘하지 못합니다. 완전한 신분의 회

복입니다. 천민에서 양반으로, 죄인에서 의인으로, 사망
에서 생명으로, 지옥에서 천국으로 회복했습니다. 이것
이 바로 십자가에서 이루신 예수님의 승리입니다.

특별히 가상육언의 선포는 지난날의 죄만 해결받는 것
이 아닙니다. 시간과 공간을 초월한 선포기 때문에 미래
의 죄에까지 그 능력이 미칩니다. 우리가 구원의 백성으
로 살아가지만 완전히 죄에서 자유할 수는 없습니다. 구
원받고 용서받은 사람으로 살아가지만 여전히 죄를 지을
수밖에 없기 때문입니다. 여기에 그리스도인들의 탄식이
있습니다. "오호라 나는 곤고한 자로다"라고 한 바울의 갈
등이 있습니다. 그러나 가상육언의 선포가 있으니 염려
할 것이 없습니다. 과거의 죄, 오늘의 죄, 미래의 죄까지
법적으로 완전히 해결하신 승리의 선포입니다.

둘째, 사탄에 대한 승리입니다.

통치자들과 권세들을 무력화하여 드러내어 구경거
리로 삼으시고 십자가로 그들을 이기셨느니라 골 2:15

"통치자들과 권세들"은 악을 조장하는 세력 곧 사탄을

뜻합니다. 예수님은 십자가로 그 사탄의 세력들을 이겨 내셨습니다. 사탄에 대한 하나님의 승리는 완벽합니다. 사탄은 그동안 인간의 죄성을 이용해 교묘하게 사망의 길로 꼬였습니다. 그러나 사탄은 더 이상의 빌미를 잃어버렸습니다. 예수님이 그 모든 죄를 대신 짊어지고 십자가에서 죽으셨기 때문입니다.

십자가의 승리 앞에 사탄의 위협은 무기력해지고 말았습니다. 마침내 십자가는 사탄의 권위와 위협이 속임수이며 아무 효력도 없음을 만천하에 폭로해 버렸습니다. 십자가 앞에 사탄은 자신의 한계를 드러낼 수밖에 없었습니다. 원래 죄와 사망은 이 세상을 지배하는 사탄의 힘이었습니다. 세상에서 살아가는 사람들을 죄와 사망의 울타리에 가두고 유린하였던 것입니다. 그러므로 죄와 사탄에 대한 승리는 죄와 사망으로 부터의 영원한 자유입니다. 예수님의 승리가 우리의 승리가 되어야 합니다. 우리가 영원한 승리자가 되도록 주님은 '예수의 이름'을 주셨습니다. 성도는 예수의 이름을 의지하여 사탄을 대적하면서 승리자로 살아가야 합니다.

십자가의 승리가 나의 승리

주님의 "다 이루었다"는 선포는 주님의 사역만이 아니라 나를 향한 구속 사역의 완성입니다. 십자가의 승리가 감격인 것은 그 십자가가 나의 십자가였기 때문입니다. 십자가에서 예수님의 승리는 예수님을 믿는 우리의 승리입니다. 곧 내 승리입니다. 오직 믿음 안에서 예수님의 승리는 법적으로 내 승리가 됩니다. 십자가의 승리를 내 승리로 연결시키는 것이 바로 믿음입니다.

가상육언은 예수님 자신의 성취이고 성부 하나님의 성취이며, 우리에게는 새로운 시작입니다. 에덴에서 시작된 죄와 사망을 다 해결하심으로 우리는 이제 땅의 사람이 아니라 하늘의 사람으로 살게 되었습니다. 육으로 살지만 하늘의 시민권을 가진 사람으로 사는 것입니다. 내가 무엇을 원하느냐가 중요한 사람이 아니라 하나님의 원하심이 중요한 사람으로의 시작입니다. 내 안에 예수께서 사시기 시작했습니다.

언젠가 우리가 육신의 장막을 벗어 주님에게 가야 할

때가 오면, 스스로 가상육언의 선포를 고백할 수 있으면 좋겠습니다. 십자가의 처절함 가운데서 외치신 주님 승리의 선포가 우리의 선포가 되었으면 좋겠습니다. 성공적인 삶을 살아서 "다 이루었다"가 아닙니다. 이 땅에서 믿음의 삶을 살아 내고 하늘 천국의 소망을 확신하며 살았던 복음적 그리스도인들의 선포가 "다 이루었다"입니다. 이것은 천국을 믿고 소망하는 자로서의 선포입니다. 하늘을 소망하는 자의 선포입니다.

두고 가는 세상을 기준으로 선포하는 것이 아닙니다. 이 땅에서 얼마나 누리고 많은 흔적을 남겼느냐가 기준이 아닙니다. 복음 안에서 천국을 확신하면 이 땅에 무슨 미련이 있겠습니까? 우리가 복음 안에서 천국을 확신하고 오늘 천국 백성으로 살아간다면 다 이룬 것이 됩니다. 그러나 아무리 부요하게 살았다 해도 복음을 믿지 못하고 천국을 확신하지 못한다면 그 성공과 부요함은 아무것도 아닙니다.

오늘도 복음 안에서 천국 시민권을 가지고 살아가는 우리는 이미 가장 중요한 것을 완벽하게 이루어 낸 사람들입니다.

우리는 자유입니다! 우리는 승리했습니다! 십자가는
예수님이 지셨지만, 망한 것은 사탄입니다.

7장

시작

죽음은 끝이 아님을 기억하라

눅 23:44-49

가상칠언 架上七言

"아버지, 내 영혼을 아버지 손에 부탁하나이다." 눅 23:46

우리는 지금까지 갈보리 언덕으로 여행을 떠났습니다. 십자가에 높이 달리신 예수님이 하셨던 마지막 말씀들, 가상칠언의 말씀을 묵상했습니다.

그리고 마지막 일곱 번째, 가상칠언은 "아버지 내 영혼을 아버지 손에 부탁하나이다", 즉 영혼을 부탁하는 기도입니다. 사도 요한은 예수님이 가상육언인 "다 이루었다"를 말씀하신 후에 "영혼이 떠나가시니라"라고 기록하는데(요 19:38), 누가는 이 가상칠언을 말씀하신 후에 "숨지시니라"라고 기록합니다(눅 23:46). 두 말씀을 미루어 보면 가상육언과 가상칠언은 거의 동시에 하신 말씀이자 기도였던 것 같습니다.

어쨌든 예수님은 오신 목적대로 십자가에서 마지막을 맞고 계십니다. 예수님의 마지막 모습을 십자가 밑에서 지켜보던 로마 군대의 백부장이 하나님께 영광을 돌리면서 이렇게 말했습니다.

백부장이 그 된 일을 보고 하나님께 영광을 돌려 이르
되 이 사람은 정녕 의인이었도다 하고 눅 23:47

그는 남이 못 보던 무언가를 보고 느꼈습니다. 어떤 성
경학자들은 이 백부장이 구원의 은혜를 입은 것이라고도
합니다. 그것이 백부장뿐이었겠습니까?

이를 구경하러 모인 무리도 그 된 일을 보고 다 가슴
을 치며 돌아가고 눅 23:48

저들은 한마음으로 바라바를 놓아주고 예수를 십자가
에 못 박아 죽이라 외쳤습니다. 저들은 십자가에서 죽어
가는 예수님을 구경하며 승리의 미소를 짓고 있었습니
다. 그랬던 저들이 예수님의 죽음 앞에 다 가슴을 쳤답니
다. 이것은 결코 옳은 일이 아니었다고 느낀 가운데 자기
가슴을 쳤다는 것이니, 예수님은 십자가에서 죽으셔야
할 분이 아니었음을 깨달은 것입니다. 이렇게 많은 사람
에게 은혜를 입히고 마음의 변화를 불러온 가상칠언의 말
씀을 '십자가에서의 기도'라 하겠습니다.

마지막에 기도하라

예수님이 마지막 숨을 거두며 하신 말씀은 사랑하는 제자들을 향한 당부도, 남겨 둔 영혼들을 향한 부탁도, 심지어 혈육을 향한 작별의 말씀도 아니었습니다. 바로 하나님을 향한 기도였습니다.

가상칠언의 말씀은 시편 31편 5절 말씀인 "내가 나의 영을 주의 손에 부탁하나이다"를 붙들고 하신 기도입니다. 예수님의 생애 마지막 말씀이 기도였다는 것은, 예수님이 자신의 생애를 기도로 마무리하셨다는 것을 보여 줍니다.

태초 이래 지금까지 모든 사람이 그러했던 것처럼 우리에게도 언제인가 인생의 마지막을 맞을 때가 올 것입니다. 물론 그 마지막을 맞는 모습들은 여러 가지 모양일 것입니다. 에녹처럼 하나님과 동행하다가 죽음을 보지 않고 옮겨 가는 축복도 있을 수 있고, 연수를 다하고 잠을 자듯 마지막을 맞을 수도 있습니다. 혹은 질병으로, 또는 사건 사고로 마지막을 맞을 수도 있습니다.

수많은 생을 마감하는 모습 가운데 나는 과연 어떤 모

양으로 마지막을 맞을까요? 사실 그것은 우리의 선택이 아닙니다. 분명한 것은 그 마지막이 주님을 믿는 믿음으로, 주님과 함께여야 한다는 것입니다. 주님 안에서의 죽음이 아니면 불쌍한 죽음이기 때문입니다.

> 또 내가 들으니 하늘에서 음성이 나서 이르되 기록하라 지금 이후로 주 안에서 죽는 자들은 복이 있도다 하시매 성령이 이르시되 그러하다 그들이 수고를 그치고 쉬리니 이는 그들의 행한 일이 따름이라 하시더라 계 14:13

주 안에서 죽는 자들은 복이 있다고 합니다. 최고의 복된 죽음은 부자로, 출세자로 살다가 가장 좋은 요양원에서, 혹은 병원에서 마지막을 맞는 것이 아닙니다. 오직 주 안에서의 죽음이 복된 죽음입니다. 영원 천국을 보장받는 죽음이기 때문입니다. 특별히 그리스도인으로서 그 마지막을 기도로 장식할 수 있다면 최고로 아름답고 은혜로운 죽음이 될 것입니다. 예수님이 그러셨습니다. 기도로 마지막을 맞으셨습니다. 우리의 마지막은 언제, 어떤 모습이면 좋겠습니까? 마지막 순간에 잠깐의 시간이 주어진다면 무엇을 하시겠습니까?

예수님은 성부 하나님을 경외하는 삶, 기도의 삶을 사셨기에 마지막 순간에도 기도로 생애를 마감하실 수 있으셨습니다. 십자가를 앞두신 예수님이 겟세마네 기도 동산에 오르시는 모습을 누가는 이렇게 소개했습니다.

예수께서 나가사 습관을 따라 감람 산에 가시매 제자들도 따라갔더니 눅 22:39

예수님은 습관이 될 정도로 기도하고, 마침내 기도로 마지막을 맞으셨습니다. 예수님을 닮기를 원했던 위대한 하나님의 사람들 역시 한결같이 기도의 용사들이었습니다.

이 땅을 살아가는 모든 사람은 선택의 여지 없이 두 종류의 마지막을 맞게 될 것입니다. 영원이라는 천국을 보장 받은 죽음과 천국을 보장 받지 못한 죽음입니다. 예수를 믿어 천국을 보장 받은 사람들은 "내 영혼을 받으시옵소서"의 마지막을 맞을 것이고, 예수를 믿지 않아 영원을 보장 받지 못한 죽음에는 자신들도 알지 못하는 가운데 이를 갈고 슬피 울며 마지막을 맞게 될 것입니다. 예수를 믿느냐와 믿지 않느냐의 차이는 단순히 개인적 종교의 차이가 아닙니다. 영원을 결정짓는 기준이 되는 것입니다.

물론 우리가 마지막을 기도로 맞는 것은 마음처럼 쉽게 되지 않을 것입니다. 성령으로 충만하지 않으면 우리가 기대하는 마지막을 맞을 수 없습니다. 따라서 우리는 날마다 마지막을 연습해야 합니다.

마지막을 연습하라

영원을 향한 죽음으로의 마지막을 맞기 전에 우리는 날마다 죽음을 연습하고 있으니, 하루 일과를 마치면서 잠자리에 드는 것입니다. 이렇게 하루하루 잠자리에 들다가 언제인가 우리는 마지막 잠자리에 드는 날이 있을 것입니다. 우리가 매일 맞이하는 내일과 전혀 다른 내일을 맞는 마지막 잠자리입니다. 그 마지막을 맞기 전에 내일을 기대하며 오늘을 마무리하는 것입니다.

잠자리에 들기 전 내 모습을 떠올려 봅시다. 하루 일과를 마치면 먼저 몸을 씻을 것입니다. 책을 읽을 수도 있고, 휴대전화를 들여다보다가 까무룩 잠들 수도 있습니다. 어떤 분은 매일 밤 술을 한잔 드셔야만 잠이 온다고 합니다. 혹은 잠이 통 오지 않아 뒤척이다가 어스름 새벽이 되어서야 눈을 붙이기도 합니다.

그렇다면 영적으로는 어떻습니까? 하루의 마지막을 기도로 마무리하고 있습니까? 회개의 기도, 용서의 기도, 중보의 기도, 잠자리를 의탁하는 기도, 내일을 기대하는 기도 가운데 하루의 마무리를 하고 있습니까? 한 주간을 기도로 마무리하고 가장 깨끗한 예배자로 주일을 맞고 있습니까?

하루의 마지막, 한 주의 마지막을 주님 안에서 기도로 마무리할 수 있어야 합니다. 축복의 다음 날을 기대하고, 축복의 한 주간을 기대하면서 기도를 연습하다 보면, 언젠가 영원을 기대하며 기도하는 우리가 되어 있을 것입니다.

더 좋은 시작을 원하거든 마지막을 잘하라는 말이 있습니다. 하루를 마무리하는 저녁의 실패는 새롭게 시작하는 하루의 실패로 이어질 가능성이 있습니다. 복된 하루의 시작은 저녁을 어떻게 마무리하느냐에 달려 있습니다. 유대인에게 있어 하루의 시작은 아침이 아니라 저녁이라는 말을 들었습니다. 이것이 처음 창조 원리이니, "저녁이 되고 아침이 되니 이는 첫째 날이니라"(창 1:5)라고 하신 말씀이 그 시작입니다. 이처럼 저녁은 하루의 마지막이면서 내일을 준비하는 최고의 시작입니다. 그래서 마지막 때에 사탄은 저녁을 지배하는 가운데 사람들을 저녁에 메이게 한다고 합니다.

한 주간도 마찬가지입니다. 한 주는 주일을 어떻게 보내느냐에 달려 있습니다. 주일은 한 주간의 마지막이면서 또한 축복의 시작입니다. 이렇게 주일에 예배를 드리면서 자신이 구원받은 백성임을 확인하고 말씀과 기도 가운데 한 주간을 마무리하고 한 주간을 시작하는 것이야말로 최고의 축복입니다. 기도 없이, 육신을 즐기는 것으로 하루를 마무리하는 것은 또 하루, 한 주간을 포기하는 것입니다.

이렇게 하루를 포기하는 것, 한 주간을 포기하는 것을 가볍게 알다가는 언제인가 영원을 포기하는 어리석음에 빠질 수 있습니다.

그러므로 깨어 있으라 어느 날에 너희 주가 임할는지
너희가 알지 못함이니라 마 24:42

마지막을 말씀하시는 가운데 주님은 "깨어 있으라" 하
십니다. 영적으로 깨어 있는 절대 원리가 바로 기도입니
다. 하루, 한 주간의 마지막을 기도로 연습하는 가운데 진
짜 마지막을 기도로 맞는 것입니다.

나의 시작이신 아버지

예수님이 생의 마지막에 기도하신 대상은 누구입니까?

예수께서 큰 소리로 불러 이르시되 아버지 내 영혼을
아버지 손에 부탁하나이다 하고 이 말씀을 하신 후 숨
지시니라 눅 23:46

예수님의 마지막 기도의 대상은 하나님이 아니라 '아
버지'였습니다. 짧은 한 문장 안에 아버지를 두 번이나 부
르셨습니다. 주님은 제자들에게 기도를 가르쳐 주시면서

"하늘에 계신 우리 아버지여"로 시작하라 하셨습니다. 성부 하나님은 하늘에 계신 하나님이며, 우리의 하나님이며, 아버지 되신 하나님이라는 의미가 담겼습니다. 이렇게 기도를 가르쳐 주셨던 예수님이 마지막 십자가의 기도 가운데 "아버지"를 반복하여 부르셨습니다.

하나님이 아버지가 되시는 이유가 무엇입니까? 여기에서 아버지라는 말은 자녀로서 부모를 칭할 때에 성별을 구분하여 "아버지, 어머니" 하는 것이 아닙니다. "아버지"라는 말은 단순한 호칭을 넘어 '나의 시작'이라는 고백이 담겨 있습니다. 인간이 태어날 때에 어머니로 부터 납니까, 아버지로부터 납니까? 무슨 뚱딴지같은 질문을 하나 싶습니까? 정철이라는 시인은 "아버님 날 낳으시고, 어머님 날 기르시니"라고 했습니다.

하나님이 모든 인류의 아버지가 되실 수 있는 이유는 모든 것의 시작이신 창조자이시기 때문입니다. 부처는 그냥 부처지 아버지가 될 수 없습니다. 공자 또한 공자이지 아버지가 될 수 없습니다. 왜 그렇습니까? 저들에게는 시작이 없기 때문입니다. 모든 것의 시작이신 창조자 되신 하나님만이 아버지가 되시는 것입니다.

넓은 의미에서는 창조자로서 아버지가 되시고 좁은 의미로서는 구원받은 백성들에게 아버지가 되십니다. 구원받지 못한 사람은 하나님을 하나님이라 하지만 아버지라 부를 수 없습니다. 하나님을 아버지라 부르는 것은 복음적 그리스도인들의 신앙고백입니다. 그러므로 하나님을 아버지라 부를 수 있음은 특권이요, 축복입니다. 하나님을 아버지라 부른다는 것은 하나님이 내 시작이며 또한 나의 마지막이 되신다는 고백입니다.

부활 승천하신 주님이 하나님으로서 하신 선언을 보겠습니다.

주 하나님이 이르시되 나는 알파와 오메가라 이제도 있고 전에도 있었고 장차 올 자요 전능한 자라 하시더라 계 1:8

또 내게 말씀하시되 이루었도다 나는 알파와 오메가요 처음과 마지막이라 내가 생명수 샘물을 목마른 자에게 값없이 주리니 계 21:6

나는 알파와 오메가요 처음과 마지막이요 시작과 마침이라 계 22:13

시간과 공간을 초월하신 영원자 하나님이 자신을 소개하십니다. "알파와 오메가"요 "이제도 있고 전에도 있었고 장차 올 자요 전능한 자"라고 하십니다. 즉 모든 것의 시작이요 마지막이 되는 분입니다. 하나님 안에서 자신이 시작되었음을 믿는 사람들은 역시 하나님 안에서 그 마지막을 맞아야 하는 것입니다.

하나님을 아버지라 부르는 사람들은 나의 마지막을 주님께 내어 드려야 합니다. 시작이 주님인 것처럼 마지막도 주님이셔야 함을 잊지 말아야 합니다. 내가 사는 것이 내가 사는 것이 아니어야 합니다. 가상칠언은 성부 하나님을 아버지라 부르는 기도 가운데 마지막을 부탁하십니다. 십자가에서의 영원을 사모하는 가운데 하신 마지막 영혼의 부탁입니다.

끝이 끝이 아니기에

사람은 그가 누구여도 언제인가 인생의 마지막을 맞을 때가 옵니다. 길어야 100년 내외입니다. 그동안 의미 있고 행복하게 잘 사는 것이 중요합니다.

그런데 잘 사는 것만큼 잘 죽는 것도 중요합니다. 왜 그렇습니까? 천국이라는 영원이 있기 때문입니다. 사람이 인정하든 하지 않든, 영원에는 천국과 지옥이 있습니다. 어디로 갈지는 우리 믿음에 달렸습니다. 예수를 믿는 믿음이 영원을 결정한다는 말입니다.

놀라운 것은 신약 성경 그 어느 곳도 예수님이 '죽으셨다(died)'는 표현을 쓰지 않고 있다는 사실입니다. 그 대신 예수님의 '영혼이 떠났다'거나 '하나님 손에 들어갔다'고 말합니다. 이것은 예수님의 죽음이 끝이 아니라 하나님 아버지와 새로운 관계가 시작된다는 것입니다. 이것을 열린교회 김남준 목사는 '하나님과의 새로운 연합'이라 했습니다. 하나님이 사람의 몸을 입으시고 이 세상에 내려오실 때 경험했던 것과는 정반대의 경험을 하고 계시다는 것입니다.

예수님은 곧 하나님이 인간과 연합하고자 하심의 결과입니다. 영원 밖에 계셔야 할 분이 사람의 몸을 입고 역사 안으로 오시어 사람으로 살아 내신 것입니다. 이렇게 영이신 하나님이 육체와 연합되어 일평생을 살면서 구속 사역의 목적을 이루셨으니, 이제 다시 육체와 분리를 하서야 했습니다. 하나님이 사람의 몸을 입고 오시어 인간의 몸과 연합되었듯이 이제 육체와 분리를 통해 하나님과의 연합, 곧 하나님이 하나님 되시는 것입니다.

이러한 분명한 목적 가운데 가상칠언의 부탁이 나왔습니다. 예수님은 영혼을 부탁하셨습니다. 십자가에서 모든 구속 사역을 완성하신 예수님이 자신의 마지막을 성부 하나님께 부탁하셨습니다.

가상칠언에서 확인되는 것은 사람의 진정한 가치는 육신이 아니라 영혼에 있다는 것입니다. 처음 사람의 창조에서부터 사람의 진정한 가치는 영적인 데 있었기 때문입니다. 처음 사람을 창조하신 과정을 보겠습니다.

> 여호와 하나님이 땅의 흙으로 사람을 지으시고 생기를 그 코에 불어넣으시니 사람이 생령이 되니라 창 2:7

"사람이 생령이 되"었다는 말은 사람이 영적 존재가 되었다는 것입니다. 영이신 하나님이 영적 존재로 사람을 창조하신 가운데 그 하나님과 함께이도록 창조된 것입니다. 그 목적 가운데 사람을 하나님의 형상과 모양으로 창조하신 것입니다. 따라서 사람은 하나님과 함께일 때 진정한 가치가 있습니다. 사람이 하나님을 떠나면 그 자체가 사망, 곧 '영적 사망'입니다. 처음 사람 아담이 선악과를 먹고 사망적 존재가 되었습니다. 바로 하나님과 단절된 것입니다.

이 영적 사망, 하나님과의 단절이 회복되는 것이 거듭남입니다. 아담 안에서 잃어버렸던 영적 생명을 회복하는 것입니다. 사람의 진정한 가치는 영적 생명에 있습니다. 사람은 사람으로서가 아니라 영적 존재가 되었을 때에야 비로소 하나님의 사람이 되는 것입니다.

사랑하는 제자들을 전도의 현장에 보내시면서 주님께서 주신 말씀이 있습니다.

몸은 죽여도 영혼은 능히 죽이지 못하는 자들을 두려워하지 말고 오직 몸과 영혼을 능히 지옥에 멸하실 수 있는 이를 두려워하라 마 10:28

복음적 그리스도인은 영혼의 가치를 아는 사람입니다. 복음적 그리스도인은 영적 생명의 가치를 인정하는 사람입니다. 영적 생명이 가치가 있는 것은 영원이 있기 때문입니다. 이것을 믿기에 스데반이 미련 없이 순교했습니다. 이것을 믿기에 많은 하나님의 사람이 영원을 선택했습니다.

가상칠언의 말씀인 주님의 부탁에서 확증할 수 있는 것은 죽음이 끝이 아니라는 것입니다. 죽음 후에 인간은 두 종류의 길로 나뉘어질 것입니다. 십자가를 어리석게 보는 사람과, 십자가를 능력으로 삼는 사람의 결국입니다. 예수님은 자신의 영혼을 하나님께 맡기면서 최후의 생명을 다하셨습니다.

이것이 예수 그리스도 안에 있는 우리를 향하신 축복입니다. 예수님 안에서 우리 또한 하나님 아버지께 영혼을 부탁하면서 평안 가운데 마지막을 맞이할 수 있기 때문입니다. 복음적 그리스도인들에게는 죽음이 마지막이 아닙니다. 복음적 그리스도인들에게 죽음은 새로운 시작입니다. 그러므로 가상칠언의 기도는 포기가 아니라 기대입니다.

영원을 소망하는 믿음으로

예수님은 죽으신 것이 아니라 옮겨가셨습니다. 땅에서 하늘로, 제자들 곁에서 성부 하나님께로, 다시는 고통과 죽음이 없어도 되는 곳으로 옮기셨습니다. 오실 것을 약속하시면서 부활 승천하며 영원한 나라로 가셨습니다.

이 말씀을 마치시고 그들이 보는데 올려져 가시니 구름이 그를 가리어 보이지 않게 하더라 올라가실 때에 제자들이 자세히 하늘을 쳐다보고 있는데 흰 옷 입은 두 사람이 그들 곁에 서서 이르되 갈릴리 사람들아 어찌하여 서서 하늘을 쳐다보느냐 너희 가운데서 하늘로 올려지신 이 예수는 하늘로 가심을 본 그대로 오시리라 하였느니라 행 1:9-11

우리도 언제인가 육신을 두고 가야 할 때가 올 것입니다. 세상이 죽음이라고 말하는 그날은 결코 두려움의 날이 아닙니다. 소망 중의 소망의 날입니다. 우리에게는 영원 천국이 있기 때문입니다. 너무도 사랑스러운 영원 천국입니다.

그곳 보좌에서 일어나 스데반을 응원하셨던 주님이 우리가 복음적 그리스도인으로서 십자가의 삶을 살아 내고자 몸부림을 칠 때마다 일어나 응원해 주실 것입니다. 그 예수님이 우리를 구원하사 우리에게 주시고자 하는 최고의 선물은 영원 천국입니다. 이것이 사람을 처음부터 영적 존재로 지으신 이유입니다. 그래서 예수를 믿어 구원받은 복음적 그리스도인들의 최고의 소망은 영원 천국에 있습니다. 영원 천국에 대한 소망이 있습니까? 이 소망을 놓아 버렸다면, 어쩌면 예수를 믿어야 할 이유도 놓아 버린 것이 됩니다.

저는 어릴 때부터 예수를 믿었습니다. 우리 부모 세대는 지금보다 몇 배나 가난하여 먹고살기가 힘들었습니다. 그렇지만 더 잘살기 위해 십자가의 삶을 사신 것이 아닙니다. 다시 오실 주님을 기다리는 천국의 소망으로 예수를 믿었습니다. 그다음을 믿는 믿음은 결국 영원을 절대 믿는 믿음입니다. 그다음을 믿는 믿은 다시 오실 주님을 기다리며 영원 천국을 소망하는 믿음입니다.

이것들을 증언하신 이가 이르시되 내가 진실로 속히

오리라 하시거늘 아멘 주 예수여 오시옵소서 계 22:20

"아멘, 주 예수여 오시옵소서!"

마라나타의 영성이 지금 우리에게 있습니까? 복음적 그리스도인들의 진정한 소망이 여기에 있어야 합니다. 삶에서 힘들고 어려울 때에 마라나타의 영성으로 가상칠 언을 품어야 합니다.

우리 주님이 십자가 제물이 되어 주심으로 우리는 천국의 소망을 가질 수 있습니다. 갈보리 여행 가운데 십자가의 진정한 가치를 발견한 사람들은 마지막 천국으로의 여행을 하게 될 것입니다. 갈보리 여행 가운데 십자가의 진정한 가치를 발견하지 못한 사람들은 지옥으로의 여행을 하게 될 것입니다. 하늘의 시민권을 가지고 살아가는 우리 복음적 그리스도인들의 소망은 영원 천국에 있습니다.

영원 천국을 믿으십시오. 영원 천국에 대한 간절한 소망을 키우십시오. 복음의 완성은 영원 천국에 있습니다.